Deutsch

AF635512

QUALI-TRAINER

Qualifizierender Abschluss
der Mittelschule Bayern

Abschlussprüfung ab 2022

Erarbeitet von
Claudia Heidenreich und
Werner Heidenreich

Cornelsen

Textquellenverzeichnis:
S. 8: Nach: Bogner, Manuel: Wie vor über hundert Jahren das Musik-Streaming erfunden wurde (Auszug). Aus: http://ze.tt/das-telharmonium-war-das-spotify-des-jahres-1906/ [15.03.2021]; **S. 10:** Nach: Die Kinder toben viel zu wenig. Aus: Nürnberger Nachrichten vom 11.10.1999, © dpa; **S. 12:** Nach: www.coolrider.de und coolrider-freunde.de; **S. 13:** Aus den Beförderungsbedingungen der VAG Nürnberg § 4 Absatz (4). Aus: https://www.vgn.de/produkte/gemeinschaftstarif/kapitel/01/01.04 [15.03.2017]; **S. 15:** Nach: Roth, Uwe: Mangelndes Benehmen bei Kindern und Jugendlichen, www.journalistroth.eu [04.05.2021]; **S. 16:** Kranz, Herbert: Um die Goldmedaille. Aus: Die Fundgrube. Verlag Josef Knecht, Frankfurt/Main 1957; **S. 18:** Nach: Bogner, Manuel: Warum Skaten und Olympische Spiele für mich nicht zusammenpassen. Aus: http://ze.tt/skaten-hat-bei-den-olympischen-spielen-nichts-verloren [15.03.2021]; **S. 20:** Nach: Stöckle, Frieder: Wie eine Arena ... (Auszug). Aus: Domay, Erhard/Schupp, Renate (Hrsg.): Menschenzeit – Gotteszeit, Kaufmann Verlag, Lahr 1992; **S. 44:** Krosta, Andreas: Bergwacht probt Lawineneinsätze: „Dann hilft nur hoffen" (dpa), 19.01.2000; **S. 48:** Land, Bodo: Wohin mit dem Spot? (gekürzt). Aus: Bundeszentrale für politische Bildung, PZ Nr. 90, Juni 1997, S. 18; **S. 51:** Lederer, Joe: Einmal ... Aus: Von der Freundlichkeit der Menschen. Ullstein Verlag, Frankfurt/Main 1991; **S. 52:** Brock, Alexander: Ohne Schulsanitäter wird es eng (gekürzt). Aus: Nürnberger Nachrichten vom 04.07.2016, S. 13; **S. 54:** Engelmann, Reiner: Alles klar (gekürzt). Aus: Morgen kann es zu spät sein. Arena Verlag, Würzburg 1993; **S. 56:** Bauerfeind, Silke: Wenn einen auf der Party die Geräusche überfluten (Auszug). Aus: Nürnberger Nachrichten vom 02.04.2014, S. 25; **S. 59:** Obrecht, Bettina: Manons Oma (Auszug). Friedrich Oetinger GmbH, Hamburg 1999; **S. 60:** „KNA": Bin 10, suche Arbeit. Aus: http://www.abendblatt.de/kultur-live/article107172424/Kinderarbeit-in-Deutschland.html [15.03.2021]; **S. 61 ob.:** Aus dem Gesetz zum Schutz der arbeitenden Jugend (Jugendarbeitsschutzgesetz – JarbSchG) vom 12.04.1976, zuletzt geändert am 03.03.2016, §§ 2 und 5 (Auszug). Aus: https://www.gesetze-im-internet.de/jarbschg/__2.html und https://www.gesetze-im-internet.de/jarbschg/__5.html [15.03.2017]; **S. 63 f.:** Kilian, Susanne: Nie mehr. Aus: Schnierle-Lutz, Herbert: Schlaglichter. Zwei Dutzend Kurzgeschichten. Ernst Klett Verlag, Stuttgart 2001; **S. 65:** Herrndorf, Wolfgang: Tschick (Auszug). Rowohlt Verlag, Berlin 2010, S. 35/36; **S. 68:** Seul, Michaela: Allmorgendlich. Aus: Relaxx. Treibgutgeschichten. Unrast Verlag, Münster 2003; **S. 70 ff.:** Zwerenz, Gerhard: Nicht alles gefallen lassen (Auszug). Aus: Gesänge auf dem Markt. Kiepenheuer & Witsch, Köln 1962; **S. 73 f.:** Das Vorstellungsgespräch. Nach einer Idee von Heinz Knappe; **S. 75 ff.:** Pausewang, Gudrun: Und was mach ich? (gekürzt). Aus: Und was mach ich? oder Der Traum vom Fliegen. Ravensburger Buchverlag, Ravensburg 2003, S. 89–92; **S. 78:** Turk, Gary: Ich habe 422 Freunde ... Aus: Stadler, Michael (mst/spot): http://www.abendzeitung-muenchen.de/inhalt.look-upvon-gary-turk-spaltet-netzgemeinde-abrechnung-mit facebook-und-co-wird-zum-youtube-hit.b5126e39-f693-4520-92ff-4391766138d5.html [15.03.2021]; **S. 79 ob. li.:** Thoren, Horst: Bundesjugendspiele abschaffen? (Auszug). Aus: http://www.rp-online.de/panorama/deutschland/bundesjugendspiele-abschaffen-ein-pro-und-contra-aid-1.5193913 [15.03.2021]; **S. 79 ob. re.:** Aus dem Beschluss der Kultusministerkonferenz vom 26.10.1979, in der Fassung vom 12.09.2013, § 5 UrhG. (Auszug). Aus: https://www.bundesjugendspiele.de/wai1/showcontent.asp?ThemaID=4916 [15.03.2017]; **S. 86:** Burfeind, Sophie: Schönheitswahn im Kinderzimmer (gekürzt). Aus: http://www.sueddeutsche.de/bayern/schoenheitswahn-im-kinderzimmer-schlank-um-jeden-preis-1.1856963 [15.03.2021]; **S. 92 f.:** Fuchs, Kirsten: Mädchenmeute (Auszug), Rowohlt Verlag, Reinbek 2015, S. 9/10; **S. 95:** Verpackungswahnsinn (gekürzt). Aus: https://www.hr.de/hr-fernsehen/sendungen/dokthema/plastikmuell-problem-masse-100.html [15.03.2021]

Bildquellenverzeichnis:
S. 8: INTERFOTO/fine art images; **S. 10 un. li.:** Motorik-Modul: Eine Studie zur motorischen Leistungsfähigkeit und körperlich-sportlichen Aktivität von Kindern und Jugendlichen in Deutschland, Abschlussbericht, Klaus Bös u.a., 2009; **S. 10 un. re.:** ebenda; **S. 12:** stock.adobe.com/connel_design; **S. 18:** stock.adobe.com/Evil-chan; **S. 21 ob. li.:** Quelle: WHO; **S. 21 un. li.:** WWF, Infografik, © World Wide Fund for Nature, WWF 2015; **S. 22 ob. li.:** nach: „Factsheet Wasser" (Stand 19.3.2021), Deutsche Welthungerhilfe; **S. 22 ob. re.:** RI Distrikt 1830 PETS, 05.04.2008; **S. 24:** © George Riemann; **S. 27 li.:** Shutterstock/riggleton; **S. 27 re.:** Shutterstock/Inside Creative House; **S. 29:** stock.adobe.com/Rawpixel.com; **S. 35:** stock.adobe.com/chesky; **S. 37:** stock.adobe.com/Silvano Rebai; **S. 39:** Shutterstock/Anna Moskvina; **S. 40:** mauritius/Charles Stirling (Travel)/Alamy; **S. 52:** mauritius images/Pitopia; **S. 58:** Zahlen aus www.autobild.de; **S. 60:** imago/imagebroker; **S. 61:** Bridgeman Images/SZ-Photo/Scherl; **S. 66:** © studiocanal; **S. 67:** © Ralf Böhme; **S. 75:** Ruthe/Distr. Bulls; **S. 79:** stock.adobe.com/mpix-foto; **S. 82:** stock.adobe.com/benjaminnolte; **S. 85:** © dpa-Infografik; **S. 88:** mauritius images/Photo SG /Alamy; **S. 94:** BMBF/Wissenschaftsjahr 2016/17; **S. 95:** M2: OECD; **S. 95:** M3: nach ZDF

Beratung: Daniela Ludwig, Mering
Redaktion: Christina Nier, Karin Unfried
Illustrationen: Wiebke Hasselmann, Ritterhude (S. 15, 16, 20, 54, 56, 68, 70, 75, 78, 83, 86, 93)
Umschlaggestaltung: Rosendahl, Berlin
Layoutkonzept: Klein & Halm Grafikdesign, Berlin
Technische Umsetzung: Straive

www.cornelsen.de

1. Auflage, 1. Druck 2021

Alle Drucke dieser Auflage sind inhaltlich unverändert und können im Unterricht nebeneinander verwendet werden.

Druck: AZ Druck und Datentechnik GmbH, Kempten

978-3-06-061016-7

PEFC
PEFC/04-31-2260

PEFC zertifiziert
Dieses Produkt stammt aus nachhaltig bewirtschafteten Wäldern und kontrollierten Quellen.

www.pefc.de

Inhaltsverzeichnis

Hinweise zur Prüfung

Die Prüfungsfächer

Welche Fächer werden in der besonderen Leistungsfeststellung geprüft?

<table>
<tr><th colspan="4">Pflichtfächer</th></tr>
<tr><td rowspan="2">Deutsch
oder
Deutsch als Zweitsprache*</td><td rowspan="2">Mathematik</td><td colspan="2">Berufsorientierender Zweig (Projekt)</td></tr>
<tr><td>Wirtschaft und Beruf</td><td>berufsorientierendes Wahlpflichtfach (BoZ)</td></tr>
<tr><td colspan="4">Wahlfächer
Du musst aus den zwei folgenden Bereichen je ein Fach wählen.</td></tr>
<tr><td>Englisch**</td><td>Natur und Technik</td><td colspan="2">Geschichte/Politik/Geografie</td></tr>
<tr><td colspan="4">Religion / Ethik – Sport – Musik – Kunst
Informatik – Buchführung – Informatik und digitales Gestalten
Beachte: Wähle nur ein Fach, das du in der 9. Klasse belegt und mit einer Zeugnisnote beendet hast.</td></tr>
</table>

* Schülerinnen und Schüler mit nichtdeutscher Muttersprache, die weniger als sechs Jahre eine deutsche Schule besucht haben, können anstelle des Fachs Deutsch das Fach **Deutsch als Zweitsprache** wählen.

** Wenn das Kultusministerium eine besondere Leistungsfeststellung in einer Muttersprache anbietet, kann statt Englisch das Fach **Muttersprache** gewählt werden.

Wie errechnet sich die Prüfungsnote?

Der qualifizierende Mittelschulabschluss ist bestanden bei einem Notendurchschnitt von mindestens 3,0. Die zweite Stelle nach dem Komma wird nicht berücksichtigt.

Die Quali-Noten werden errechnet aus der Jahresfortgangsnote und der Prüfungsnote (2 Noten). Am folgenden **Berechnungsbeispiel** siehst du, dass die **Gewichtung** der Fächer nicht ganz einheitlich ist.

Fach	Jahresfortgangsnote	Prüfungsnote	Gewichtung	Rechnung
Deutsch / DaZ	2	3	alles doppelt	(2 + 3) × 2 = 10
Mathematik	3	4	alles doppelt	(3 + 4) × 2 = 14
WB BoZ	3 2	4 (Projekt)	Projekt doppelt	3 + 2 + (4 × 2) = 13
E/NT/GPG	3	2	alles doppelt*	(3 + 2) × 2 = 10
Sport / Kunst / Musik / Religion / Informatik ...	2	3	einfach	2 + 3 = 5
			Summe: 18	52:18 = 2,88
→ **Der qualifizierende Mittelschulabschluss wurde erreicht mit der Gesamtnote 2,8.**				

* In der Englischprüfung werden mündliche und schriftliche Prüfungsnote addiert.

Wie sieht die Prüfung im Fach Deutsch aus?

Die Prüfung besteht aus vier Teilen. Sie dauert insgesamt 195 Minuten.

Teil A	Teil B	Teil C	Teil D
Zuhören	Sprachbetrachtung Rechtschreiben	Lesen	Schreiben
Es ist in der Regel zu drei verschiedenen Hörtexten je eine Aufgabe mit Teilaufgaben zu lösen (insg. 3 Aufgaben). z. B. Kurzantworten zum Inhalt, Gliederungspunkte zum Inhalt ergänzen, Behauptungen und Schlussfolgerungen zuordnen	Es sind mehrere kürzere Aufgaben zu lösen. **Sprachbetrachtung:** z. B. Wörterbucharbeit Wortarten bestimmen Grammatikfehler verbessern Sätze ergänzen Sätze verknüpfen ... **Rechtschreiben:** z. B. Fehler beheben Rechtschreibstrategien Satzzeichen setzen Groß- und Kleinschreibung und andere allgemeine Grundregeln anwenden	**Sachtext** z. B. aus einer Zeitschrift mit Schaubild Tabelle Gesetzestext ... ODER **Literarischer Text** z. B. Buchausschnitt oder Kurzgeschichte mit Abbildung Karikatur ...	Du kannst aus Aufgabengruppe I und Aufgabengruppe II auswählen. Die Aufgaben beziehen sich auf den Text aus dem Prüfungsteil C. Es sind meist drei Schreibaufgaben zu erledigen. z. B. einen Leserbrief schreiben, eine Geschichte schreiben (z.B. Märchen/ Kurzgeschichte), eine Anleitung schreiben
12 Punkte	6 Punkte 6 Punkte	12 Punkte	24 Punkte

Die Punkte werden addiert und die Note wird nach folgendem Bewertungsschlüssel* ermittelt:

Punkte	60,0 – 51,0	50,5 – 41,0	40,5 – 30,5	30,0 – 20,5	20,0 – 10,0	9,5 – 0
Note	1	2	3	4	5	6

* Schülerinnen und Schüler mit anerkannter Legasthenie bearbeiten die Aufgaben zum Rechtschreiben nicht. Für sie gilt ein anderer Bewertungsschlüssel.

Du darfst für die gesamte Prüfung ein rechtschriftliches Wörterbuch verwenden.
Zwischen den Aufgabenblöcken ist eine kurze Pause.

Was wird wie bewertet?

Teil A: Pro Teilaufgabe gibt es in der Regel 0,5 bis 1 Punkte. Rechtschriftliche Fehler werden nicht bewertet.

Teil B: Pro Aufgabe gibt es in der Regel 1 bis 2 Punkte.
Grammatikteil: Rechtschriftliche Fehler werden nicht bewertet. Rechtschreibteil: Fehlende, nicht eindeutige oder falsche Lösungen führen zum Punktabzug. Auch bei Abschreib- und Trennungsfehlern werden 0,5 Punkte abgezogen.

Teile C und D: Bei der Textarbeit werden die Lösungen inhaltlich und sprachlich bewertet. Wenn du eine Aufgabe inhaltlich falsch bearbeitet hast, bekommst du dafür auch keine sprachlichen Punkte.

Für eine mangelhafte äußere Form und zu viele Rechtschreibfehler können insgesamt bis zu 3 Punkte abgezogen werden.

Die Prüfungsvorbereitung

Einen Plan entwickeln

Zur Prüfungsvorbereitung solltest du einen Zeitplan aufstellen und dir deine Arbeit einteilen.

Zeitplan	
Wie viel Zeit habe ich zur Verfügung?	Welchen Stoff muss ich in dieser Zeit bewältigen?

Arbeitsplan	
Welche Anforderungen erwarten mich in der Prüfung?	Wie ist mein Leistungsstand? Was muss ich besonders üben?

1 a) *Durchdenke und beantworte die Fragen für dich. Mach dir dazu Notizen auf einem Blatt Papier.*

b) *Erstelle mithilfe deiner Notizen eine Mindmap.*

TIPP

Übertrage die Mindmap auf ein Plakat, das du in deinem Zimmer oder Arbeitsbereich aufhängst.

Zur Lösung der Prüfungsaufgaben benötigst du Grundkompetenzen aus den Bereichen Zuhören, Lesen (Texte und Aufgaben verstehen), Schreiben (eigene Texte verfassen) sowie Rechtschreiben und Sprachbetrachtung. Zu allen Bereichen findest du Übungsmaterial in diesem Arbeitsheft. Außerdem stehen dir online Hörtexte und Online-Übungen (siehe Webcode auf S. 1) zur Verfügung.

2 a) *Lies das Inhaltsverzeichnis dieses Arbeitsheftes durch. Entscheide bei jeder Überschrift, ob 1, 2 oder 3 zutrifft. Schreibe die entsprechende Zahl daneben.*

1 = Das fällt mir eher schwer. Ich muss das unbedingt mehr üben.
2 = Das kann ich einigermaßen, aber ich muss üben, um mich zu verbessern.
3 = Das kann ich recht gut. Diese Aufgaben wiederhole ich, um sicher zu werden.

b) *Bestimme mithilfe dieser Zählung deine Übungsschwerpunkte.*

Das ist besonders wichtig für mich:	Seiten im Arbeitsheft

3 *Teile die Zeit bis zur Prüfung ein, z. B. in Wochenabschnitte oder Lerntage. Verteile deine Trainingsbausteine innerhalb dieses Zeitplans nach und nach. Du kannst dazu einen Wochenkalender oder ein Hausaufgabenheft benutzen. Nutze auch deine Mindmap aus Aufgabe 1.*

TIPP

!	Wichtiges zuerst eintragen!
☺	Weniger Wichtiges nach und nach einarbeiten!
☐	Freiräume lassen! Änderungen und Unerwartetes musst du einkalkulieren.
✓	Erledigtes abhaken!
▬	Nicht Erledigtes markieren und je nach Wichtigkeit erneut einplanen!

Prüfungsanforderungen kennen

Das Arbeitsheft bereitet dich auf alle Kompetenzbereiche vor. Es hilft dir dabei, Prüfungsaufgaben richtig zu bearbeiten. Die folgenden Aufgaben zeigen dir an Beispielen, was du können solltest.

1. Bereich Zuhören: Hörtexte verstehen

Du musst die Inhalte von Hörtexten erfassen und in Kurzantworten oder Stichpunkten notieren können. Wie Aufgabenstellungen aussehen, zeigen dir die Beispiele auf den Seiten 25–30.

2. Bereich Sprachbetrachtung und Rechtschreiben

Du musst die Grundregeln des Rechtschreibens und die Grundbegriffe der Sprachbetrachtung kennen. Mit den Aufgaben auf den Seiten 31–49 kannst du mit Beispielen üben. Zusätzliches Übungsmaterial findest du online (siehe Webcode auf S. 1). Eine Übersicht über die Grundbegriffe der Sprachbetrachtung findest du auf der Umschlaginnenseite.

3. Bereich Lesen: Texte und Aufgaben verstehen

1 *Ordne den Aufgaben die entsprechenden Grundfertigkeiten zu.*

im Text schnell die nötigen Informationen finden ______

Arbeitsaufträge richtig verstehen ______

Wichtiges erkennen ______

schwierige Wörter oder Textstellen klären ______

Informationen sammeln und ordnen ______

zur Aufgabe passende Textstellen finden ______

TIPP

Grundfertigkeiten
A nachschlagen
B Aussagen vergleichen
C genaues Lesen
D Stichworte notieren
E überfliegendes Lesen
F markieren, unterstreichen

→ Übungsaufgaben zu Grundfertigkeiten findest du auf den Seiten 8–24 und weitere Übungen zum Lesen auf den Seiten 50–72.

4. Bereich Schreiben: Eigene Texte verfassen

2 *Lies die Aufgabenstellungen. Was wird von dir gefordert? Kreuze an.*
A. Nimm Stellung zu … **B.** Berichte über … **C.** Schreibe einen Brief an …
D. Schreibe aus der Sicht von … **E.** Schreibe einen Text für die Schülerzeitung …
F. Zeige an Beispielen auf … **G.** Beschreibe … **H.** Erläutere die Aussage …
I. Schreibe einen Aufruf …

Du kannst deine eigene Meinung schreiben.	A	C	E				
Dein Text soll sachlich informieren.							
Du musst andere überzeugen.							
Du musst Gedanken und Gefühle schildern.							
Du musst eine oder mehrere Personen direkt anreden.							
Du musst passende Beispiele darstellen.							
Du musst Argumente formulieren.							
Du sollst die Leser zu etwas auffordern.							
Du musst dich in eine Situation hineinversetzen.							

→ Übungsaufgaben zum Schreiben längerer Texte findest du in diesem Heft auf den Seiten 73–87.

Training der Grundfertigkeiten

1 Informationen markieren, nachlesen, W-Fragen beantworten

1 *Lies den Text genau und schlage – falls nötig – unbekannte Begriffe nach.*

Wie vor über hundert Jahren das Musik-Streaming erfunden wurde *Manuel Bogner*

Streamingdienste wie Spotify haben die Art, wie wir Musik hören, innerhalb kurzer Zeit verändert. Etwas Ähnliches gab es aber schon im Jahre 1906 in New York: Musik über das Telefon – live gespielt von einer 200-Tonnen-Maschine.

Das Spotify dieses Zeitalters war ein Monster aus Kabeln, Spulen und Schaltern. 18 Meter lang, 200 Tonnen schwer. Die Idee des Erfinders Thaddeus Cahill war für die damalige Zeit revolutionär: Das Telharmonium spielte rund um die Uhr Musik. Wer sie hören wollte, brauchte lediglich ein Telefon. Man ließ sich von der Vermittlung mit dem Gerät verbinden und konnte dann der Musik aus dem Hörer lauschen. Pro Stunde kostete der Service 20 Cent.

Das Telharmonium, entwickelt von Thaddeus Cahill

Der Bedarf für das Telharmonium war tatsächlich vorhanden, weil es damals zwar Grammophone[1] gab, aber noch kein Radio. Cahill ließ seine Musikfabrik in einem Gebäude in Manhattan aufbauen und versorgte umliegende Hotels, Restaurants und Privathaushalte.

Vereinfacht gesagt handelte es sich beim Telharmonium um ein Keyboard mit allerlei technischem Hilfswerk, welches die Musik in elektrische Impulse umwandelte und lauter machte – der Verstärker war zu dieser Zeit noch nicht erfunden. Cahill beschäftigte zwei Musiker, die 24 Stunden lang klassische Musik spielten.

Dass sich das Telharmonium nicht durchsetzte, hatte mehrere Gründe: Um ausreichende Lautstärke und Qualität zu erzielen, musste Cahill mit Stromstärken von rund einem Ampere arbeiten – weitaus mehr, als die Telefone selbst hatten. Diese Stromstärken störten aber alle anderen Signale, die über dieselbe Vermittlungsstelle liefen. Es konnte also sein, dass Gespräche plötzlich durch Musik des Telharmoniums unterbrochen wurden. Gerüchten zufolge war ein Geschäftsmann über die ständig gestörte Leitung so erbost, dass er in das Telharmonium-Gebäude einbrach und Teile der Maschine aus dem Fenster in den angrenzenden Hudson River warf.

Cahill war seiner Zeit anfangs voraus, wurde aber später von ihr eingeholt. Gegen das Aufkommen des Radios und die Erfindung des Verstärkers war er machtlos. Gegen 1920 wurde die 200 Tonnen schwere Maschinerie aus dem Gebäude abtransportiert. Dennoch hatte Cahills Erfindung Auswirkungen auf elektronisch erzeugte Musik: Die Hammond-Orgel (in den 1930er-Jahren entwickelt) orientierte sich am Telharmonium. Diese Orgel war wiederum der Vorläufer des Synthesizers und für Keyboards.

1 Vorläufer des Plattenspielers

2 *Durch W-Fragen kannst du den Inhalt eines Textes erschließen.*

a) *Suche die zu den Fragen passenden Informationen im Text und markiere die Textstellen.*

b) *Schreibe vor jede Frage die entsprechende(n) Zeilenangabe(n).*

______ Was ist das Thema des Textes?

______ Welche Idee hatte Thaddeus Cahill?

______ Warum war seine Erfindung damals gefragt?

______ Was genau ist ein Telharmonium?

______ Wie und wo wurde das Gerät eingesetzt?

______ Warum setzte sich das Telharmonium nicht durch?

______ Wie lange war das Gerät im Einsatz?

______ Welche Bedeutung hatte das Telharmonium für die Entwicklung der Musik?

TIPP

Möglichkeiten der Markierung:

einrahmen

unterstreichen

einkreisen

farbig unterlegen

Striche / Nummern am Rand

3 *Beantworte die Fragen aus Aufgabe 2 in ganzen Sätzen.*

In dem Text geht es um ______

______

Thaddeus Cahill hatte die Idee ______

______

Seine Erfindung war gefragt ______

______

2 Informationen entnehmen und ordnen

1 *Markiere beim Lesen Schlüsselbegriffe.*

TIPP

Schlüsselbegriffe enthalten wichtige Informationen zum Thema.

Die Kinder toben viel zu wenig

Sportwissenschaftler warnt vor Folgen

Immer mehr Schulkinder in Deutschland sind übergewichtig und nicht mehr leistungsfähig.

Zu dieser Einschätzung kam der Karlsruher Sportwissenschaftler Professor Klaus Bös schon vor Jahren. Er fordert eine grundsätzliche Verhaltensänderung. „Wir brauchen eine breite Aufklärung. Die Erziehung unserer Kinder zu mehr Bewegung muss im Kindergarten, in der Schule und bei den Eltern ansetzen", betont der Sportwissenschaftler.

Befragungen ergaben: Grundschulkinder bewegen sich im Durchschnitt weniger als eine Stunde am Tag. Neun Stunden Schlaf stehen mindestens neun Stunden Sitzen in der Schule, bei Hausaufgaben und bei der Nutzung von Medien in der Freizeit gegenüber. Maximal fünf Stunden lang bewegen sich die meisten Kinder gehend im Alltag. Somit bleibt in der Regel eine Stunde übrig für Spielen, Toben und Sport. Dies sei eindeutig zu wenig.

„Unsere Kinder sind nicht mehr so fit, dass sie dauerlaufen, klettern und balancieren können", stellt der Leiter des Sportinstituts der Universität Karlsruhe fest und folgert: „Was da in einigen Jahren an Gesundheitsproblemen und Folgekosten auf uns zukommt, wird dramatisch."

Die Sportlehrer an den Schulen sind für den Wissenschaftler nur eine Gruppe, um das Übel zu beheben. Zwar seien im Schulsport die Möglichkeiten „bei Weitem nicht ausgeschöpft", aber eine wichtigere Rolle spielen für Bös die Eltern. „Sie dürfen ihren Kindern die Bewegung nicht abnehmen", sagt der Karlsruher und verweist auf den regen Autoverkehr vor Kindergärten, Schulen und Sportstätten, wo Mama und Papa ihre Schützlinge abliefern oder abholen. Auch in der „völligen Verplanung" der Kinder im Alltag sieht Bös einen Grund für die prekäre Lage. […]

M1 **Klaus Bös u. a.: Abschlussbericht zur Studie 2009**

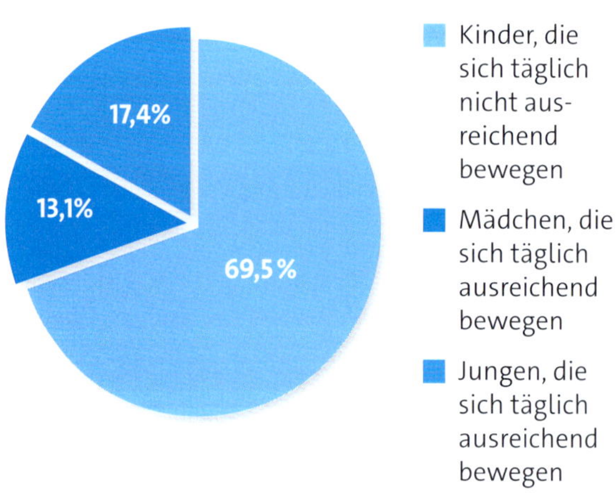

M2 **Leistungen im Standweitsprung bei Kindern und Jugendlichen zwischen 1976 und 2006: Verschlechterung um 14 %**

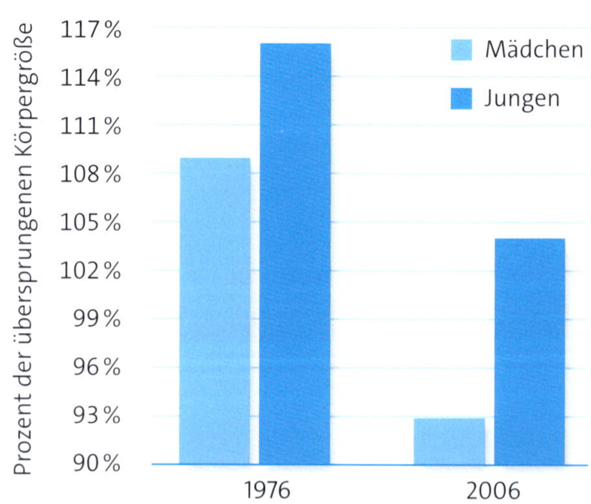

2 *Wer ist Klaus Bös? Schreibe alle Informationen zur Person in Stichpunkten auf.*

3 *Welche Ergebnisse brachten Untersuchungen an Grundschulen? Trage in die Tabelle ein:*

Stunden	Tätigkeit

4 a) *Klaus Bös wird im Text mehrfach zitiert. Umrahme die Textstellen.*

b) *Die Ansicht des Professors wird in dem Zeitungsartikel auch indirekt wiedergegeben. Unterstreiche diese Textstelle.*

c) *Zu welchen Textstellen passt Abbildung M1 besonders gut? Notiere die Zeilennummern.*

TIPP
Wörtliche Zitate erkennst du an den Anführungszeichen.

5 a) *Klaus Bös nennt mehrere Gründe für den Bewegungsmangel der Kinder. Notiere zwei Gründe.*

b) *Der Sportwissenschaftler warnt vor Folgen. Zitiere die passende Textstelle und gib die Zeile(n) an.*

6 *Was fordert der Professor? Notiere zwei bis drei Forderungen stichpunktartig.*

7 *Vergleiche die Aussagen des Professors mit den Informationen der Schaubilder M1 und M2. Formuliere zwei Aussagen mit Zahlenangaben, welche die Ansicht von Klaus Bös bestätigen.*

3 Begriffe erklären

1 *Lies den Text und markiere Begriffe, deren Bedeutung dir nicht klar ist.*

TIPP

Achte auf den Textzusammenhang!
Nachdenken kommt vor Nachschlagen!

Die „Coolrider" trauen sich was

Rund 50.000 Kinder und Jugendliche benützen täglich in Nürnberg im Schulverkehr die öffentlichen Verkehrsmittel, dazu kommen noch die Schülerinnen und Schüler in der Region. Dabei kann es zu Auseinandersetzungen zwischen Schülern untereinander kommen sowie zu Konflikten mit Erwachsenen.

Die Gründe sind vielfältig: Stress, Zeitdruck, Gruppendruck, mangelndes Gefahrenbewusstsein der Jugendlichen, aber auch unterschiedliche Sichtweisen von Erwachsenen und Jugendlichen.

Um solchen Problemen entgegenzuwirken, gibt es in Nürnberg seit dem Jahr 2003 die Aktion Fahrzeugbegleiter („Coolrider"): eine Aktion der Verkehrs AG Nürnberg in Zusammenarbeit mit den Nürnberger Schulen und der Polizei. Zwischenzeitlich hat sich die „Coolrider"-Bewegung weit über das Stadtgebiet Nürnbergs, in die Region erweitert.

Wer sind die „Coolrider"? Schülerinnen und Schüler ab dem 13. Lebensjahr werden ausgebildet um eigenverantwortlich für mehr Sicherheit am Schulweg, für weniger Gewalt und zu einem fairen Umgang untereinander zu sorgen. Das Präventions-Projekt wurde in Zusammenarbeit mit Schülern erarbeitet.

Die Jugendlichen werden in intensiven Trainings auf ihre Aufgabe vorbereitet. Sie durchlaufen verschiedene Trainingsmodule, bis sie sich schließlich „Coolrider" nennen dürfen. Die Sinne der Jugendlichen werden dabei auf den Prüfstand gestellt. Wichtiger Bestandteil des Lehrgangs ist nämlich die Schulung der Sinneswahrnehmung der Jugendlichen. Sie üben, ihre Umgebung bewusst zu beobachten. Außerdem durchlaufen sie ein Deeskalationstraining, üben Selbstschutztechniken und den bewussten Einsatz von Körpersprache. Die Fähigkeit im Team zu arbeiten, stellt bei alldem eine Basisqualifikation dar.

Das Motto der „Coolrider" lautet: „Hinschauen statt Wegschauen!" Die „Coolrider" übernehmen Verantwortung, wirken beruhigend auf Mitschülerinnen und Mitschüler ein und sorgen so nicht nur für eine angenehme Atmosphäre in öffentlichen Verkehrsmitteln, sondern auch für einen sicheren Schulweg. Allein durch ihre Anwesenheit tragen sie zu einem merklich ruhigeren Klima in Bussen und Bahnen bei. Dabei ist es die oberste Prämisse, dass sie sich selbst nicht in Gefahr bringen, sondern das Fahrpersonal oder die Polizei rufen.

Die Schülerinnen und Schüler führen diese Tätigkeit ehrenamtlich aus. Darauf angesprochen, betonen viele von ihnen, dass es ihnen wichtig ist, sich sozial zu engagieren und dass sich ihre Arbeit positiv auf ihre eigene Entwicklung auswirkt.

2 a) *Suche im Text die Begriffe **Prävention** und Prämisse. Schreibe – ohne nachzuschlagen – mit eigenen Worten auf, was sie im Textzusammenhang bedeuten.*

Prävention ______________________

Prämisse ______________________

b) *In Wörterbüchern findest du oft mehrere Erklärungen. Ordne die Angaben richtig zu.*

A = Prävention B = Prämisse

- ☐ Grundvoraussetzung, Vorbedingung
- ☐ Verhütung, Vorbeugung
- ☐ abschreckende Maßnahmen ergreifen
- ☐ übergeordneter Leitsatz
- ☐ eine unbedingt notwendige Bedingung
- ☐ Vorgehensweise, um etwas Schlimmes zu verhindern

3 *Durch Zusammensetzung von Wörtern entstehen oft neue Begriffe, die nicht immer im Wörterbuch stehen.*

a) *Zerlege die Zusammensetzungen in einzelne Wörter. Schlage diese Wörter nach, wenn du die Bedeutung nicht kennst.*

Trainingsmodule

Deeskalationstraining

Basisqualifikation

b) *Suche die Zusammensetzungen im Text und überlege, was die Begriffe im Zusammenhang bedeuten. Schreibe deine Lösungen auf.*

Trainingsmodule

Deeskalationstraining

Basisqualifikation

4 *„Die Sinne der Jugendlichen werden dabei auf den Prüfstand gestellt.“* (Z. 32/33) *Erkläre mit eigenen Worten, wie das gemeint ist.*

5 *Der folgende Text ist beim ersten Lesen schwierig zu verstehen, obwohl er keine Fremdwörter enthält.*

a) *Markiere die Schlüsselwörter und zerlege den langen Satz durch senkrechte Striche in Sinnabschnitte.*

b) *Umschreibe kurz mit eigenen Worten, was gemeint ist.*

Aus den Beförderungsbedingungen der VAG Nürnberg § 4 Absatz (4)

Die Beaufsichtigung von Kindern obliegt den Begleitern. Sie haben insbesondere dafür zu sorgen, dass die Kinder nicht auf den Sitzplätzen knien oder stehen und nach Maßgabe der straßenverkehrsrechtlichen Vorschriften Sicherheitsgurte angelegt haben oder in einer Rückhalteeinrichtung für Kinder gesichert sind.

4 Begriffe und Aussagen vergleichen

1 *Verbinde die Begriffe ...*

a) mit gleicher oder ähnlicher Bedeutung.

kompliziert	selbstsüchtig
strukturiert	ohne Umweg
egoistisch	schwierig, verwickelt
intensiv	richtig, fehlerfrei
direkt	klar gegliedert
generell	sachlich
objektiv	allgemein
korrekt	stark, eindringlich

b) mit gegensätzlicher Bedeutung.

kompliziert	friedfertig
aggressiv	selbstlos
egoistisch	fehlerhaft
intelligent	verschwiegen
korrekt	wirkungslos
indiskret	einfach
effektiv	unfähig
kompetent	einfältig

2 a) *Suche zu den folgenden Wörtern möglichst mehrere mit gleicher oder ähnlicher Bedeutung.*

b) *Kläre mithilfe des Wörterbuchs, welche dieser Begriffe Fremdwörter sind. Gib an, aus welcher Sprache sie stammen.*

heiter

interessant

sensationell

motiviert

warmherzig

brutal

defekt

resigniert

3 *Erkläre die Bedeutung der Wortgruppen, ohne das unterstrichene Wort zu verwenden.*

ein engagierter Schülersprecher

eine bittere Erfahrung

eine eskalierende Situation

ein konstruktiver Vorschlag

Kein Benehmen oder bloß schüchtern? *Uwe Roth*

[...] Junge Menschen sind höfliche Wesen. Das lässt sich beobachten: Sie lieben Begrüßungsrituale, nehmen sich in den Arm, Wangenkuss links, Wangenkuss rechts, die Jungs begegnen sich mit ritualisierten Handgesten. Täglich läuft vor der Schule die gleiche Prozedur ab, als habe man sich Jahre nicht gesehen.

Für Begrüßungen außerhalb des Freundeskreises – in der Welt der Erwachsenen – scheint es für sie dagegen keine allgemeinen Formeln zu geben. „Wenn meine Tochter neue Freunde mitbringt, rennen die wortlos an mir vorbei, kein Hallo, nichts“, sagt eine Mutter. Und grußlos verschwänden die Jugendlichen später wieder aus der Wohnung. Wenn die Erwachsene die jungen Gäste abfängt, um ein paar Minuten Small Talk zu machen, seien diese völlig irritiert, mehr als Drei-Wort-Sätze sei aus ihnen nicht herauszubekommen. Die Mutter fragt sich dann: Kein Benehmen oder ist die Jugend einfach bloß schüchtern?

Gudrun Weichselgartner-Nopper betreibt in Backnang eine Benimmschule für Kinder und Jugendliche. Sie meint: „Jugendliche wissen häufig nicht, wie man Fremde grüßt, wer zuerst wen anspricht, dass man sich mit Namen vorstellt oder wie man ein bisschen Small Talk macht“, sagt die Kniggetrainerin. Böse Absicht kann sie darin allerdings selten erkennen. Die Jugendlichen wüssten einfach nicht, wie es richtig gemacht wird. Um nichts falsch zu machen, seien sie aus Unsicherheit lieber still. Dass sie mit dieser Ignoranz auf Erwachsene unhöflich wirkten, auf diese Idee kämen manche erst gar nicht, anderen sei ihre Außenwirkung auch egal.

Weichselgartner-Nopper ist davon überzeugt, dass der Grund oftmals im Elternhaus liegt. Regeln für das Benehmen in der Außenwelt würden in den Familien nicht mehr praktisch geübt, beobachtet die Trainerin. Früher sei es selbstverständlich gewesen, dass Eltern ihre Kinder beispielsweise zu Geburtstagsfeiern von Freunden mitgenommen haben. Auch fanden regelmäßig Familientreffen statt, bei denen Alt und Jung zusammenkamen. [...] „Kinder und Jugendliche lernen durch Nachahmung“, sagt die Trainerin. Heute nähmen Eltern ihre Kinder zu solchen Anlässen oftmals nicht mehr mit. [...]

4 *Die folgenden Aussagen stehen sinngemäß im Text. Markiere die passenden Textstellen und notiere die Zeile(n).*

____ Jugendliche kennen anscheinend die Höflichkeitsregeln für den Umgang mit Erwachsenen nicht.

____ Sogenannter Small Talk überfordert viele Jugendliche.

____ Es ist ihnen oft nicht bewusst, wie unhöflich sie auf Erwachsene wirken.

____ Das Training von Benimm-Regeln kommt heutzutage in den Familien zu kurz.

5 *Welche der folgenden Aussagen stimmen nicht mit dem Text überein? Kreuze sie an.*

- [ ] Jugendliche wollen sich mit Erwachsenen nicht unterhalten.
- [ ] Ein Grund für schlechtes Benehmen ist Unsicherheit.
- [ ] Benimmregeln sollte man am besten in einem speziellen Kurs lernen.
- [ ] Jugendlichen ist es egal, wie sie sich benehmen.

6 *Zu welchem Textabschnitt passt die Abbildung am besten?* Zeile ________ bis Zeile ________

5 Aussagen vergleichen und mit Textstellen belegen

Um die Goldmedaille *Herbert Kranz*

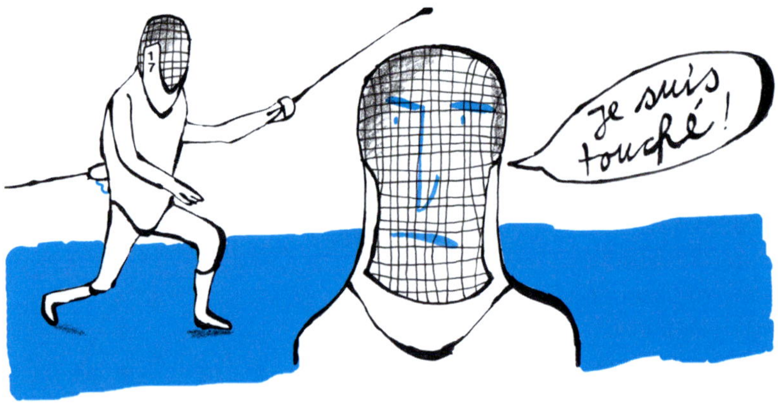

In Amsterdam standen sich im Florettfechten ein Italiener und ein Franzose gegenüber. Es ging um die Goldmedaille. Die beiden Männer fochten wie rasend, und die Zuschauer hielten den Atem an. Der Franzose hatte einen schweren Stand, denn der lange Italiener war ihm an Reichweite überlegen. Umso wilder griff der Franzose an, und Angriff und Abwehr folgten so blitzschnell aufeinander, dass die Zuschauer dem einzelnen Stoß und seiner Gegenwehr gar nicht mehr nachkommen konnten.

Plötzlich griffen die Kampfrichter ein. Pause! Einer von ihnen meinte gesehen zu haben, dass der Italiener den Franzosen getroffen hätte. Durch die atemlose Menge ging es fast wie ein Stöhnen. Wenn der Franzose getroffen war, so war die Goldmedaille für ihn verloren ... Was in den beiden Kämpfern vorging, konnte niemand sehen, denn die dichten Gitter der Fechthauben verbargen ihre Gesichter. Der Italiener stand ruhig da und sah nach der Spitze seines Floretts, ob das schützende Hütchen noch daran saß. Offenbar wusste er selbst nicht, ob er einen Treffer erzielt hatte. Der Franzose rührte sich nicht. Jetzt waren die Kampfrichter sich einig geworden. Ihr Sprecher trat vor: „Kein Treffer."

Die Zuschauer atmeten auf. Der Franzose hatte also nicht verloren, er hatte die Möglichkeit des Sieges noch immer vor sich, die Goldmedaille wartete noch immer, und vielleicht auf ihn!

Da riss der Franzose die Haube herunter. Sein Gesicht war tiefrot und von einem durchdringenden Glanz erfüllt. Er hob das Florett steil hoch vor die Brust, trat einen Schritt zum Kampfgericht hin und verkündete: „Ich bin getroffen – Je suis touché!"

Das Urteil der Kampfrichter hatte für ihn gesprochen, aber er nahm es nicht an. Die Wahrheit war ihm mehr als eine erlistete Goldmedaille, und er stand, indem er sich als besiegt erklärte, als Sieger da.

1 *Markiere im Text und schreibe die Textstellen heraus, in denen sinngemäß das Folgende steht:*

Der Franzose musste schwer kämpfen, um sich zu behaupten.

____

Es war ein heftiger, schneller Kampf.

____

Die Zuschauer konnten gar nicht mehr richtig mitverfolgen, von wem gerade welcher Stoß ausgeführt wurde.

____

Im Publikum herrschte eine große Spannung.

____

Der Italiener war sich nicht sicher, ob er getroffen hatte oder nicht.

Die Zuschauer waren erleichtert.

Der Franzose hatte immer noch die Chance, die Goldmedaille zu gewinnen.

Die Entscheidung der Kampfrichter war zu seinem Vorteil gewesen.

... eine durch Täuschung gewonnene Goldmedaille ...

Er war der moralische Sieger, obwohl er den Kampf verloren hatte.

2 *Welche Textstellen verraten dir, ...*

... dass die Zuschauer auf der Seite des Franzosen waren? Zeilen ______

... dass der Franzose auch innerlich einen Kampf geführt hatte? Zeilen ______

3 *Die folgenden Aussagen stimmen nicht genau mit dem Text überein. Stelle sie richtig durch Umformulieren des Satzes.*

Der Italiener war dem Franzosen in jeder Hinsicht überlegen.

Die Kampfrichter hatten gesehen, dass der Franzose getroffen wurde.

4 *Formuliere die Aussagen um. Verwende Wörter mit gegensätzlicher Bedeutung.*

TIPP
Es gibt mehrere Möglichkeiten.

Von einem guten Sportler erwartet man meistens auch faires Verhalten.

Berühmte Sportler sind oft wichtige Vorbilder für junge Menschen.

Bei einem Sieg fragen Fans fast nie danach, ob möglicherweise Betrug im Spiel war.

6 Aussagen erklären – Zitieren

Warum Skaten und Olympische Spiele für mich nicht zusammenpassen *Manuel Bogner*

Skaten und die Olympischen Spiele, das passt für mich so gut zusammen wie Berlin und Sperrstunde. Es sind zwei Grundideen, die weiter nicht auseinanderliegen könnten. Auf der einen Seite straff organisierte Verbände, Medaillenvorgaben, minutiös getaktete Wettkämpfe, Dopingkontrollen – und natürlich am Ende ein Gewinner und viele Verlierer.

Fußballer*innen oder Läufer*innen[1] gehen zum Sport. Dort schlüpfen sie für kurze Zeit in ihre Trainingsklamotten und sind danach wieder die Menschen, die sie davor waren. Skaten ist eher eine Lebenseinstellung. Ich gehe skaten, weil es keine Regeln gibt, keine Trainer, keine Schiedsrichter und niemanden, der mir sagt, dass ich einen Trick richtig oder falsch gemacht hätte. Ich brauche keine genau abgesteckte Strecke, keinen Korb, in den ich Bälle werfen müsste. Die ganze Stadt ist ein Skatepark, der darauf wartet, mit dem Brett erkundet zu werden – mit Geländern, Randsteinen, Stufen und Blumenbeeten. Ein Fußballfeld bleibt immer ein Fußballfeld – aber es gibt keinen Skatespot, der gleich ist wie der andere. Wo andere nur Beton sehen, habe ich hunderte Ideen für Tricks im Kopf.

1 Die Form Fußballer*innen verwendet der Autor als Kurzform für Fußballerinnen und Fußballer.

Jetzt wird Skaten olympisch und soll auf einmal funktionieren wie ein Sport. Aber Skaten lässt sich schlecht bewerten. Bei einem 100-Meter-Lauf ist das einfach: Wer als Erster durchs Ziel läuft, hat gewonnen. So sind die meisten Disziplinen. Man kann einfach messen, wer der Beste der Welt ist.

Skaten ist aber so individuell wie Musik oder Kunst. Es gibt keine Gewinner oder Verlierer. Natürlich gibt es Skater*innen, die besser sind als andere – und auch im Skaten gibt es seit jeher Wettkämpfe, die dann halt Contests heißen. Aber es geht eher darum, die Freund*innen aus benachbarten Städten wiederzutreffen. Niemand trainiert wochen- oder monatelang dafür.

Die Sportler*innen, die zu den Olympischen Spielen fahren, trainieren dagegen jahrelang dafür. Es gibt Ernährungspläne und Camps, in denen sie mit ihren Trainer*innen schuften, um auch noch das letzte bisschen aus ihrem Körper herauszukitzeln.

Mir ist schon klar, warum das Internationale Olympische Komitee Skaten dabeihaben will. Es ist ähnlich wie bei Snowboarden oder Surfen. Die Spiele sollen hip bleiben, interessant für junge Menschen. Nur verstehen die Organisatoren nicht, dass sie dafür einen Lifestyle in ein wettkampftaugliches Format stopfen müssen. Das ist, als ob man einen Löwen in einen Käfig steckt.

1 *Worum geht es dem Autor dieses Textes? Fasse sein Anliegen in ein bis zwei Sätzen zusammen.*

2 *Welche Aussagen stimmen mit der Meinung des Autors überein? Kreuze an.*

- [ ] Skaten ist kein Leistungssport.
- [ ] Skater sind kreativ wie Künstler.
- [ ] Das Können von Skatern kann man nicht vergleichen.
- [ ] Skater haben kein Interesse daran, jahrelang für einen Wettkampf zu trainieren.

3 *Was ist mit den folgenden Sätzen im Text gemeint? Erkläre die Bedeutung mit eigenen Worten. Achte auf den Textzusammenhang.*

„Es sind zwei Grundideen, die weiter nicht auseinanderliegen können." (Zeile 3)

„Ein Fußballfeld bleibt immer ein Fußballfeld." (Zeile 22)

„Skaten ist aber so individuell wie Musik oder Kunst." (Zeile 34)

„ [...] um auch noch das letzte bisschen aus ihrem Körper herauszukitzeln." (Zeile 45)

„Nur verstehen die Organisatoren nicht, dass sie dafür einen Lifestyle in ein wettkampftaugliches Format stopfen müssen." (Zeile 52)

4 *Manuel Bogner skatet selbst. Zitiere eine Textstelle, an der man das besonders deutlich merkt.*

TIPP

So zitierst du richtig:
Gib die Zeile(n) an.
Setze Anführungszeichen.
Schreibe fehlerlos ab.

7 Sprachbilder untersuchen

Wie eine Arena ... *nach Frieder Stöckle*

Wenn Susanne nach dem Pausenklingeln als Letzte auf den Schulhof kommt, hat sie Angst. Wer wird zuerst loslachen? Noch einen Moment hinter der großen Schultüre stehen bleiben. Noch wenigstens eine Minute hinter dem dunklen, schweren Holz und in Deckung bleiben ...

Jetzt also wieder raus in diese tobende, schreiende, lachende Menschenmenge. Wird Susanne unbemerkt untertauchen können? Aber wohin denn? Überall Grüppchen, die sich essend und lachend unterhalten. Und weil Pause ist und kein Lehrer sein Regiment führt, sind die Schüler jetzt ausgelassen, suchen Reize, Aufregendes. [...] – Einen über den Fuß purzeln lassen, kurz mal das Pausenbrot aus der Hand hauen, von hinten an der Jacke ziehen – immer sind es die Stilleren unter den Schülern, die dran sind. Wer nicht bei den Lauten ist, bei den Lachern, Schlägern, der ist bei den Verlieren. Den kann es treffen.

Susanne schiebt sich vorsichtig hinter der schützenden Tür hervor. Sie hält ihr eingepacktes Vesperbrot mit beiden Händen fest, versucht, niemandem im Weg zu sein, keinem einen Anlass zum Loslachen zu geben. [...] Was sie anhat, passt nicht zu dem, was die meisten anderen Schüler tragen.

„Du musst dich nicht darum kümmern, was die anderen tun und lassen", sagte die Mutter immer wieder. „Sei so, wie du bist, die anderen werden sich schon auf dich einstellen." Das war leicht gesagt. Die anderen stellten sich nicht auf sie ein. Sie lachten oder sie schlugen auf Susanne ein – was dasselbe war. Beides tat weh.

Susanne bleibt an der niedrigen Mauerbrüstung stehen, die letzte kleine Schutzbarriere vor der offenen Arena. Der Schulhof ist groß. Neugierig dehnt er sich nach allen Seiten aus, als wolle er die ganze Umgebung aufschlucken. Kein Baum, keine Wand, keine Nische. Eine ausgedehnte schreiende Fläche. Ein Riesenkäfig ohne Gitter. [...]

1 *Markiere jeweils eine passende Textstelle zu den folgenden Aussagen. Notiere die Zeilenangaben.*

Susanne möchte den Pausenhof am liebsten gar nicht betreten. Zeilen ______

In der Pause suchen viele Schüler den „Kick". Zeilen ______

Susanne ist anders als die anderen Schüler. Zeilen ______

Sie wurde schon oft von den anderen verletzt. Zeilen ______

2 *Im Text findest du sprachliche Bilder, die zeigen, dass Susanne den Pausenhof als bedrohlich empfindet. Markiere die Sprachbilder und erkläre eines davon mit eigenen Worten.*

______

______

3 *Erkläre mit eigenen Worten, was mit dem folgenden Satz gemeint ist.*

„Wer nicht bei den Lauten ist, bei den Lachern, Schlägern, der ist bei den Verlierern." (Z. 17–19)

______

______

8 Schaubilder und Karikaturen lesen und verstehen

Schaubilder vergleichen und Informationen entnehmen

Schaubilder

Schaubilder (Grafik, Diagramm, Tabelle) sind Abbildungen, die Informationen anschaulich vermitteln.
So kannst du sie lesen und verstehen:
Verschaffe dir einen Überblick: Was ist das Thema? Welcher Zusammenhang besteht zwischen Abbildung und Text? Was verrät die Überschrift? Gibt es eine Legende oder einen erklärenden Text?
Untersuche die Daten: Handelt es sich um eine zeitliche Entwicklung oder um eine „Momentaufnahme" zu einem Sachverhalt? Was wird verglichen? Welche Bedeutung haben die Zahlen?
Formuliere Aussagen und beurteile sie: Welche Einzelaussagen sind mithilfe der Daten möglich? Ist ein Trend erkennbar? Welche allgemeine Schlussfolgerung ergibt sich?

1 *Was sind die Themen dieser Abbildungen? Verschaffe dir einen Überblick. Schreibe zu jeder Abbildung mit eigenen Worten auf, worum es geht.*

M1

Wasservorräte werden knapp
Anteil der Weltbevölkerung mit

- **Wassermangel** weniger als 1.000 Kubikmeter Frischwasser je Einwohner/-in
- **Wasserknappheit** 1.000 bis 1.700 Kubikmeter Frischwasser je Einwohner/-in
- ausreichend Wasservorräten

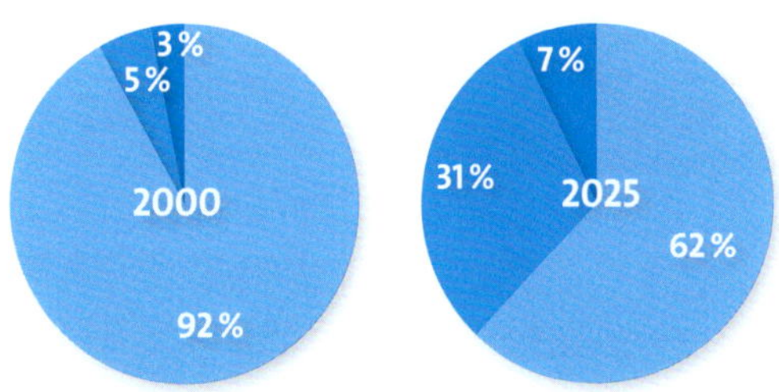

M1 ______________________________

M2

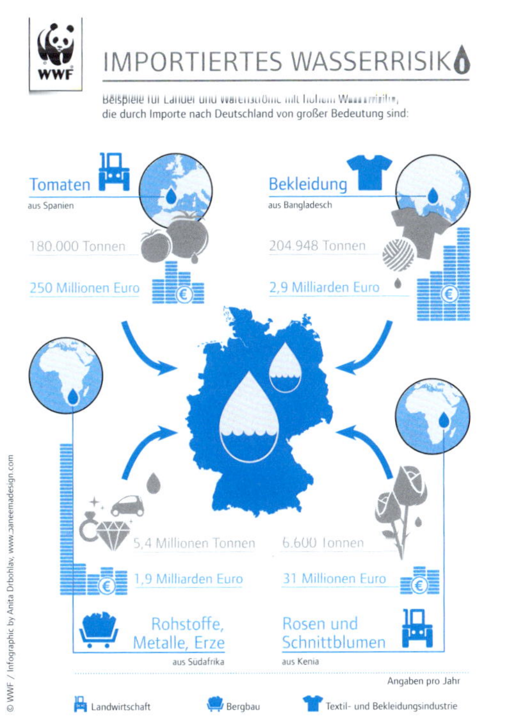

Importiertes Wasserrisiko: Für jede Importware wird vor Ort Wasser verbraucht, das dringend als Trinkwasser benötigt wird.

M2 ______________________________

2 *Die folgenden Abbildungen befassen sich ebenfalls mit dem Thema Wasser. Umschreibe das gemeinsame Grundproblem, um das es bei allen vier Abbildungen (M1 – M4) geht.*

M3

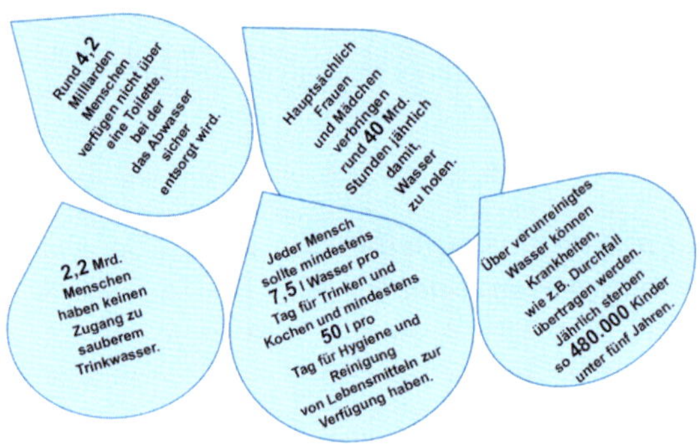

M4 Steigender Wasserverbrauch

Der weltweite Wasserverbrauch steigt

Vor allem für die Nahrungsproduktion wird immer mehr gebraucht.

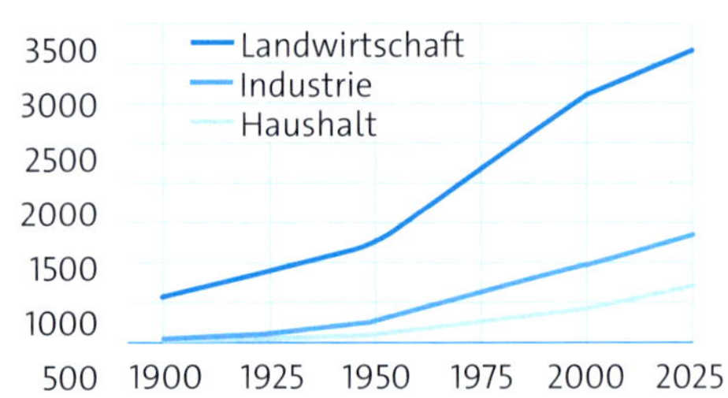

3 *Für die Abbildungen wurden unterschiedliche Darstellungsformen verwendet. Kreuze an.*

Darstellungsform	wurde verwendet bei Abbildung			
	M1	M2	M3	M4
Liniendiagramm				
Kreisdiagramm				
Piktogramm				
Symbol				
Bildelement				
Legende				

4 *Für welche Abbildung(en) treffen die folgenden Merkmale zu?*

TIPP
Du kannst jeweils mehrere Abbildungen angeben.

_____ Es werden absolute Zahlen verwendet (Mengenangaben).

_____ Es werden Prozentzahlen angegeben.

_____ Es wird eine (zeitliche) Entwicklung gezeigt.

_____ Es werden Daten zu zwei unterschiedlichen Zeitpunkten verglichen

_____ Die Zahlen zeigen die Situation zu einem bestimmten Zeitpunkt.

_____ Es werden Zahlen bzw. Anteile miteinander verglichen.

_____ Das Schaubild enthält geschätzte Angaben.

____ Die abgebildeten Gegenstände sind wichtig für das Verstehen der Abbildung.

____ Die Abbildung wird durch eingefügte Texte erklärt.

____ Die Überschrift fasst das Thema zusammen.

____ Die Abbildung zeigt einen Trend.

5 *Ordne die Aussagen den Abbildungen M1 bis M4 zu und formuliere zu jedem Beispiel eine weitere Aussage.*

Abb.	Aussage 1	Aussage 2
	Der Wasserverbrauch in der Landwirtschaft ist extrem stark gestiegen.	
	Bekleidung aus Bangladesch gehört zu den Importen mit hohem Wasserrisiko.	
	Im Jahr 2025 werden 31 % der Weltbevölkerung an Wasserknappheit leiden.	
	Jeder Mensch braucht im Durchschnitt 7,5 bis 50 Liter Wasser am Tag.	

6 *Du hast bei Aufgabe 1 und 2 das Grundproblem und die Themen der Schaubilder notiert. Fasse nun in einem Text zusammen, welche Schlussfolgerungen sich zum Thema Trinkwasser aus der Betrachtung dieser Datensammlung ergeben.*

Karikaturen beschreiben und erklären

Karikaturen

Karikaturen fordern die Leser zu einer kritischen Stellungnahme auf. Die/Der Zeichnende drückt ihre/seine Meinung zu einem Thema auf humorvolle Art und Weise aus. Dabei übertreibt sie/er oft.
So kannst du Karikaturen lesen und verstehen:
Schau genau an, welche **konkrete Situation** dargestellt wird.
Überlege, welches reale **Problem** dahintersteckt.
Finde heraus, welche **Meinung** die/der Zeichnende vertritt.

1 a) *Beschreibe die Karikatur. Was wird dargestellt?*

b) *Der Zeichner zeigt seine Kritik durch Übertreibung. Welches Problem war deiner Meinung nach der Anlass für diese Zeichnung?*

c) *Welche Sätze passen besonders gut zu der Aussage dieser Karikatur?*
Entscheide durch Nummerieren von 0 (passt nicht) bis 5 (passt am besten).

- ☐ Der Mensch hat sich im Laufe der Zeit immer weiterentwickelt.
- ☐ Wer ständig auf sein Smartphone schaut, merkt nicht, was um ihn herum passiert.
- ☐ Smartphone-Nutzer sind am weitesten entwickelt und besonders intelligent.
- ☐ Mit der Handygeneration endet die Entwicklungsgeschichte des Menschen.
- ☐ Es könnte sein, dass die technische Weiterentwicklung die menschliche Weiterentwicklung bremst.
- ☐ Die jugendliche Handygeneration interessiert sich nicht sonderlich für die Vergangenheit.

d) *Fasse das Problem kurz mit eigenen Worten zusammen.*

Übungen zum Prüfungsteil A: Zuhören

1 Was erwartet mich in der Prüfung?

In diesem Prüfungsteil musst du zu insgesamt drei verschiedenen Hörtexten Aufgaben lösen. Jeden Text hörst du zweimal an. Nach dem Anhören jedes Hörtextes hast du Zeit zum Beantworten der Aufgaben.

Die Texte zum Hörverstehen, die dich in der Prüfung erwarten, sind meist Berichte, Interviews oder Podcasts zu einem Sachthema. Es kommt darauf an, dass du genau und konzentriert zuhörst, wenn der Hörtext abgespielt wird. Typisch sind Aufgaben zum Wiedergeben und Zusammenfassen von Inhalten in Form von Kurzantworten oder stichpunktartigen Notizen. Außerdem können Aufgaben vorkommen, in denen du Aussagen zuordnen sollst. Alle Aufgabenarten kannst du in diesem Kapitel üben. Besonders wichtig ist es, beim Abspielen der Hörtexte während der Prüfung aufmerksam zuzuhören und die wichtigen Informationen durch aktives Zuhören gedanklich aufzunehmen!

Info

Ablauf der Prüfung zum Hörverstehen

- Zeit zum Lesen der Aufgabe zu **Hörtext 1**
- Abspielen des Hörtextes 1
- 2. Mal Abspielen des Hörtextes 1
- Zeit zur Fertigstellung der Aufgaben zu Hörtext 1

- Zeit zum Lesen der Aufgabe zu **Hörtext 2**
- Abspielen des Hörtextes 2
- 2. Abspielen des Hörtextes 2
- Zeit zum Fertigstellen der Aufgaben zu Hörtext 2

- Zeit zum Lesen der Aufgabe zu **Hörtext 3**
- Abspielen des Hörtextes 3
- Zweites Abspielen des Hörtextes 3
- Zeit zur Fertigstellung der Aufgaben zu Hörtext 3

2 Hörtext 1: „Podcast: Wie funktioniert unsere Stimme?"

Höre dir den Podcast im Online-Material zum Arbeitsheft zunächst aufmerksam an, ohne dir Notizen zu machen.

TIPP

Beim ersten Anhören: Worum geht es im Text?
Versuche, das Thema (eventuell bildlich) zu erfassen.
Achte auf strukturierende Wörter (*erstens, zweitens, ...; einerseits, andererseits, ...*).

1 *Um welches Thema geht es in diesem Podcast? Formuliere einen Satz.*

Höre den Hörtext ein zweites Mal an und mache dieses Mal Notizen. Nutze die Schreibzeilen zu Aufgabe 2.

2 *Notiere während des zweiten Hörens Themen und Inhalte, die im Text vorkommen. Überlege beim Hören, welche wichtig sein könnten, und notiere diese in Stichpunkten.*

- *von Anfang an da*
- *Ort:*
-
-
-

3 *Schlage unbekannte Wörter nach und notiere die Bedeutung(en) in Stichpunkten.*

In der Prüfung begegnen dir bestimmte Aufgabenarten zu den Hörtexten. Die folgenden Aufgaben 4 und 5 könnten dir in ähnlicher Weise in der Prüfung begegnen. Lies dir zunächst Aufgabe 4 durch und mache dich dann an ihre Bearbeitung.

4 *Beantworte folgende Fragen* ***mit ein bis fünf Wörtern****.*

a) *Womit lässt sich die Stimme des Menschen vergleichen?*

b) *In welchem Organ im Hals ist der Sitz unserer Stimme?*

c) *Wieso spricht man von Stimmlippen, woher kommt der Name?*

d) *Was bringt die Stimmlippen zum Schwingen?*

e) *Was ist zur Verstärkung der Töne und Klänge nötig?*

TIPP

Achte auf die fett gedruckten Wörter in der Aufgabenstellung.

Die folgende Aufgabenart kann dir ebenfalls in der Prüfung begegnen. Du musst nichts selbst schreiben, sondern die Aussagen in der Tabelle lesen und zuordnen. Wichtig ist, dass du die Aussagen und die Schlussfolgerungen in den beiden großen Tabellenblöcken genau liest. Trage dann die richtigen Buchstaben in die kleine, flache Tabelle unten ein.

Tipp

Nimm dir Zeit, um die Aussagen zu lesen und zu verstehen. Das grau unterlegte Beispiel hilft dir beim Verstehen der Aufgabe. Wenn du unsicher bist, schau in deinen Notizen nach.

5 *Ordne den **Aussagen (0–3)** die jeweils richtige **Schlussfolgerung (A–E)** zu. Trage die Buchstaben in die Tabelle unten entsprechend ein.*
*Eine **Aussage (0)** ist als **Beispiel** bereits zugeordnet.*
Eine Schlussfolgerung bleibt übrig.

	Aussagen
(0)	Die Stimmlippen werden von Muskeln gehalten.
(1)	Schon Babys können Töne erzeugen.
(2)	Die Stimmorgane sind nicht zu sehen, wenn man in den Mund schaut.
(3)	Die Stimmlippen sitzen im Kehlkopf.

	Schlussfolgerungen
A	Die Stimmlippen sind deshalb niemals in Ruhelage.
B	Der Kehlkopf spielt eine wichtige Rolle beim Sprechen.
C	Die Stimmlippen sind sehr elastisch.
D	Die Stimme muss sich erst im Lauf der ersten drei Monate ausbilden.
E	Der Hals-Nasen-Ohren-Arzt braucht ein spezielles Instrument, um die Stimmorgane zu sehen.

(0)	(1)	(2)	(3)
C			

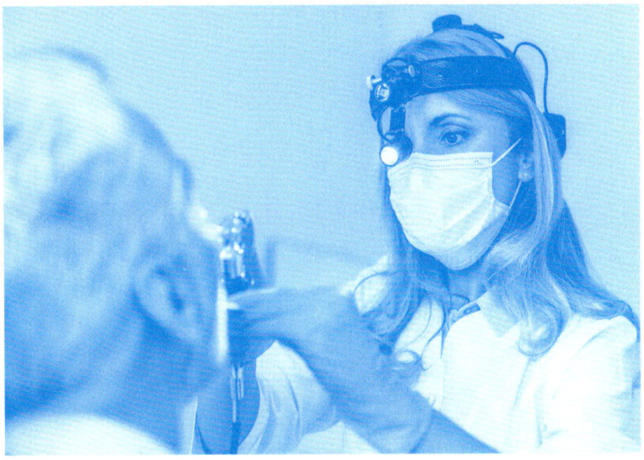

3 Kleines Gedächtnistraining

Für den Prüfungsteil „Zuhören" ist es wichtig, sich an den Inhalt der Hörtexte gut zu erinnern. Du hörst jeden Prüfungstext zweimal. Es ist sehr wichtig, konzentriert zuzuhören. Du kannst den Text nicht bei Bedarf zurückspulen, also bist du auf dein Gedächtnis angewiesen. Das Gedächtnis kannst du trainieren. Die folgenden beiden Übungen kannst du immer mal wieder machen, unabhängig von den übrigen Aufgaben des Heftes.

1 *Spiele mit einem Lernpartner / einer Lernpartnerin das Gedächtnisspiel „Ich packe meinen Koffer". Wenn du nicht (mehr) weißt, wie es geht, nutze die Kurzanleitung.*

TIPP

Ich packe meinen Koffer
(2 oder mehr Mitspieler/-innen)
Ein Spieler / Eine Spielerin fängt an: „Ich packe meinen Koffer und nehme mit: ein/-e ..."
Der zweite Spieler / Die zweite Spielerin macht weiter und wiederholt den Satz mit dem Gegenstand, den der Vorgänger/die Vorgängerin mitnimmt, und ergänzt einen eigenen Gegenstand. Es wird dann immer abwechselnd noch ein Gegenstand hinzugefügt. Es müssen immer alle Gegenstände noch einmal gesagt werden.

2 *Höre dir die Nachrichten im Radio oder im Internet konzentriert an und schreibe danach die Themen auf, an die du dich erinnerst. Notiere möglichst sinnvolle Stichpunkte, die das Wichtigste wiedergeben.*

TIPP

Da die Radiosender auf ihrer Website die Nachrichten in der Regel auch in schriftlicher Form darbieten, kannst du deine Ergebnisse auch überprüfen.

Nachrichten, 12.4., 12.00 Uhr
1. EU-Parlament: Abstimmung Klimagesetze
2. Bombenanschlag Schottland: Urheber unbekannt
3. Überschwemmungen Indonesien: Tausende obdachlos
4. ...

4 Hörtext 2: Sollte man beim Essen lieber den Mund halten?

Gehe so vor wie beim ersten Hörtext: Höre dir den Hörtext zunächst an, ohne dir Notizen zu machen. Achte auf das Thema und mögliche Unterthemen.

1 *Erkläre folgende Begriffe und Wendungen aus dem Zusammenhang oder schlage ihre Bedeutung im Wörterbuch nach.*

Schikane: ____________________

diszipliniert: ____________________

Schutzreflex: ____________________

evolutionäre Bedeutung: ____________________

____

natürliche Selektion: ____________________

____

Individuen: ____________________

Wenn du die Fremdwörter des Hörtextes geklärt hast, höre den Beitrag ein zweites Mal an. Schreibe beim Zuhören wichtige Aussagen stichpunktartig auf ein Blatt. Bearbeite dann die Aufg. 2 bis 4.

2 *Welche Aussagen werden im Hörbeitrag gemacht? Kreuze an.*

TIPP
Verwende zur Lösung auch deine Notizen.

	Aussagen	stimmt	stimmt nicht
A	Es ist Mode geworden, sich zum Essen zu verabreden.		
B	Es besteht keine tatsächliche Gefahr beim Essen, Kindern soll nur Angst gemacht werden.		
C	Wenn Nahrungsteilchen in die Luftröhre oder Lunge gelangen, werden die Atemwege teilweise oder vollkommen blockiert.		
D	Die Gefahr durch Verschlucken zu sterben ist groß.		
E	Es gibt einen natürlichen Reflex beim Menschen, durch Husten die Luftröhre wieder freizubekommen.		
F	Erwachsene verschlucken sich sehr oft beim Essen mit Freundinnen und Freunden.		
G	Unsere Vorfahren hatten keine Probleme mit dem Verschlucken.		

3 *Ergänze folgende Gliederungspunkte stichpunktartig mit jeweils einer oder zwei weiteren wesentlichen Aussage/-n des Hörtextes. Eine Aussage ist bei jedem Gliederungspunkt bereits ergänzt.*

(0) Sich zum Essen zu treffen: Mode

- *Geschäftsessen*
-

(1) Essensteile in der Luftröhre: körperliche Folgen

- *Haut färbt sich bläulich*
-
-

(2) Unsere Vorfahren: Gründe fürs Verschlucken

- *„gefährliche" Essensteile (z.B. Gräten, Knochensplitter, Pflanzenfasern)*
-

(3) Ältere Menschen und Kinder: besonders gefährdet

- *ältere Menschen: häufig körperlich geschwächt*
-

4 *Du sollst in einer Lerngruppe gemeinsam mit anderen einen Teil des Hörtextes zusammenfassen. Andere aus der Lerngruppe haben schon etwas aufgeschrieben.*

Ergänze den Notizzettel stichpunktartig um die fehlenden Informationen.

Was passiert beim Verschlucken?	Unsere Vorfahren und das Thema „Verschlucken“
Das Essen geht nicht über die Speiseröhre in den Magen, sondern ...	Warum haben sich unsere Vorfahren häufiger verschluckt als wir? 1.) _____ 2.) _____ 3.) _____
Im Idealfall passiert Folgendes, wenn man sich verschluckt:	Diejenigen Mitglieder einer Horde haben überlebt, die
Wenn es sehr schlecht läuft, kann das Verschlucken schlimme Folgen haben: 1.) Atemnot 2.) Bewusstlosigkeit 3.) _____ 4.) _____ 5.) _____	Was hat das Thema „Essen“ mit der Evolution zu tun?

Übungen zum Prüfungsteil B: Sprachbetrachtung/Rechtschreiben

Sprachbetrachtung (Grammatik)

Diesen Teil der Prüfung müssen alle bearbeiten, auch Prüflinge mit anerkannter Legasthenie.

1 Mit dem Wörterbuch arbeiten

1 *Beantworte die unten stehenden Aufgaben mithilfe des Wörterbucheintrags.*

Kom | po | nen | te, die; -; -n (lat.) Bestandteil, Teil eines Ganzen
kom | po | nieren (kunstvoll) gestalten; ein Musikstück schaffen
Kom | po | nist, der; -en; -en; **Kom | po | nis | tin**
Kom | po | si | ti | on, die; -; -n, Zusammensetzung, Aufbau, Gestaltung eines Kunstwerkes; das Komponieren (Musik); **kom | po | si | to | risch**

TIPP

Wörterbücher sind unterschiedlich. Das abgebildete Beispiel enthält alle für die Aufgaben wichtigen Informationen.

a) *Aus welcher Sprache stammt das Wort Komponente ursprünglich?* ______

b) *Wie lautet der Plural von Komponente?* ______

c) *Wie lautet das entsprechende Verb in der Grundform?* ______

d) *Wie lautet der Genitiv von Komposition?* ______

e) *Bilde mit einem der genannten Nomen einen sinnvollen Satz.*

______

2 a) *Löse mithilfe eines Wörterbuchs die gleichen Aufgaben 1 a) bis d) für folgende Wortbeispiele:*

	Sprache	Plural	Verb	Genitiv
Expansion				
Distanz				
Konzept				
Profit				
Vegetation				

b) *Schreibe zu jedem dieser Wörter ein passendes Adjektiv auf.*

______

3 a) *Die folgenden Beispiele stammen aus verschiedenen Wörterbüchern. Untersuche ihre Gemeinsamkeiten und Unterschiede.*

In | ge | ni | eur | [inʒe'niø:r], **der; -s,** -e ‹franz› (*Abk.* Ing.); **In | ge | ni | eur | schu | le, In | ge | ni | eu | rin** (*Abk.* Ing.)

In | ge | ni | eur (Ing.) *franz.* [inʒe'niø:r], der; -s, -e (Techniker); **das Ingenieurbüro, die Ingenieurin**

b) *Schreibe die gesuchten Informationen zum Wörterbucheintrag aus Aufgabe a) auf.*

Trennung: ______ Aussprache: ______

Genitiv: des ______ Plural: die ______

Herkunft (Sprache): ______ Abkürzung: ______

Bedeutung: ______ Verwandte Wörter: ______

______

c) *Mache dich mit deinem eigenen Wörterbuch vertraut. Suche die gleichen Informationen noch einmal in deinem Wörterbuch.*

4 *Wofür stehen die folgenden Abkürzungen?*

Abkürzung	Bedeutung	Abkürzung	Bedeutung
AG		bzw.	
s.o.		u.a.	
vgl.		Lkw	
z.B.		MwSt.	
Abk.		d.h.	
dt.		Jh.	
ggf.		EU	
gez.		z.T.	

5 *Lies den Wörterbucheintrag mit den Erklärungen durch. Ergänze dann die Sätze, indem du den Begriff Etikett(e)/etikettieren in der richtigen Form einsetzt.*

Etikett franz., das: -(e)s, -e(n) / -s (Schildchen zur Preisangabe von Waren); die **Etikette** (gesellschaftliche Umgangsformen); **etikettieren;** die **Etikettierung**

a) *Was steht denn auf dem* ______ *der Hose?*

b) *Ich kann die Beschriftung des* ______ *nicht lesen.*

c) *Der Preis kann nicht stimmen. Das ist bestimmt falsch* ______.

d) *Benimm dich! Hier achtet man sehr auf die* ______.

6 *Ersetze folgende Fremdwörter durch einen passenden deutschen Begriff. Du darfst auch mehrere Wörter verwenden.*

Nicht immer müssen ______________________ (Konflikte) als negativ

______________________ (registriert) werden. Es kommt auch auf

das ______________________ (Resultat) an. Nicht selten können

beide ______________________ (Kontrahenten) von einer gemeinsamen Lösung

______________________ (profitieren).

7 *Vervollständige die Tabelle. Schlage nach, wenn du dir nicht sicher bist.*

Grundform (Infinitiv)	Vergangenheit (Präteritum)
singen	Melissa sang ein Lied.
streiten	Theo ____________ mit seinem Bruder.
frieren	Anna ____________, weil es so kalt war.
messen	Orhan ____________ die Länge des Brettes.

8 *Bei manchen Wörtern lässt sich die richtige Schreibweise nur über die Bedeutung klären, z.B.:*

Ab Januar sollte ein neuer Direktor das Unternehmen leiden / leiten.

Einige Leute glaubten, sie würden unter Benachteiligung leiden / leiten.

a) *Streiche in den Beispielsätzen die falsche Schreibweise durch.*

b) *Erkläre die Bedeutung beider Wörter mit eigenen Worten. Überprüfe, wenn nötig, mit dem Wörterbuch.*

leiden: ______________________

leiten: ______________________

c) *t oder d? Setze jeweils den richtigen Buchstaben ein.*

der Lei___tragende • die Lei___figur • Abteilungslei___er • seine Lei___ensgeschichte

d) *Setze passende Buchstaben ein, sodass sich Wörter mit unterschiedlicher Bedeutung ergeben.*

W___ise – W___ise L___rche – L___rche ___reis – ___reis

Ra___ – Ra___ S___ite – S___ite, M___is – R___is

2 Wortarten und ihre Verwendung

A Nomen
B Verb
C Adjektiv
D Präposition
E Pronomen
F Konjunktion
G Numerale
H Artikel

1 *Um welche **Wortart** handelt es sich bei den unterstrichenen Wörtern? Schreibe den entsprechenden Buchstaben unter das Wort.*

Nicht alle Jugendlichen haben konkrete Vorstellungen von ihrer Zukunft.

☐ ☐

Wichtig ist ihnen ein sicherer Job, in dem sie gut verdienen.

☐ ☐

Die meisten glauben, dass dieses Ziel mit einer soliden Ausbildung erreichbar ist.

☐ ☐

2 a) *Welches Wort passt in die Lücke? Ergänze die Sätze sinnvoll.*

Die Wahl eines ______________ Berufes ist nicht leicht. ☐

______________ Jugendliche sind in dieser Situation überfordert. ☐

______________ sie Hilfe brauchen, ist der Berufsberater gefragt. ☐

Er kennt sich gut aus ______________ dem Arbeitsmarkt. ☐

b) *Gib am Rand jeder Zeile an, welche Wortart (A bis H) du verwendet hast.*

3 *Setze die in Klammern angegebenen Wörter in den richtigen Fall, sodass der jeweilige Satz grammatisch korrekt ist.*

Anfangs rechnen fast alle Kinder mit ______________ (ihre Finger).

Dies ist eine der ______________ (sicherste Methode),

um Zahlen zu begreifen. Ab einem gewissen Alter aber ist das Zählen mit der Hand

______________ (viele Lehrer) ein Dorn im Auge. Diese kritische Einstellung

______________ (die Lehrkräfte) entspricht nicht mehr dem neuesten Stand

der Forschung. Einige Experten meinen, das Rechnen mit ______________ (die Finger)

sollte viel länger erlaubt sein.

4 *Im folgenden Text sind vier Grammatikfehler. Schreibe den Text in der richtigen grammatischen Form auf.*

Die meisten Jugendliche in Deutschland sind mit ihren Leben zufrieden. Familie und Freunde, bei dem sie sich geborgen fühlen, ist ihnen besonders wichtig.

____

____

____

5 *Ordne die folgenden Wörter in die Tabelle ein und ergänze eigene Beispiele.*

morgen • in • unter • aber • weil • tagsüber • nun • oder • an • vor • mit • als • schließlich

TIPP
Präpositionen, Konjunktionen und Adverbien sind kleine unveränderliche Wörter im Satz.

Präpositionen	Konjunktionen	Adverbien
auf	*und*	*jetzt*

6 *Setze in den folgenden Text passende Präpositionen, Konjunktionen oder Adverbien ein. Es sind mehr Wörter angegeben als benötigt. Du darfst jedes Wort nur einmal verwenden.*

zunächst • oder • schon • vorher • und • demnächst • zum • im • ohne • mit • über • mittels • in • sofort • bereits • jedoch • bei • für • dann

Fahrerlose U-Bahnen ______ Züge gibt es ______ lange. ______ werden Autos und Busse, die ______ Fahrer ______ Straßenverkehr herumkurven, ______ Alltag gehören. Autonome Fahrzeuge steuern ______ Sensoren eine ______ programmierte Strecke. Das Ziel wird ______ ein Navigationsgerät eingegeben, welches ______ aktuelle Daten empfängt und verarbeitet. Wer ______ haftet ______ Unfällen? Diese Frage sollte ______ geklärt werden.

7 *Ersetze die in Klammern angegebenen Wörter durch passende Pronomen.*

Kinder brauchen im Familienleben feste Regeln. Wie (die Regeln) ______ gestaltet werden, hängt von den Eltern ab. Wenn (die Eltern) ______ eher großzügig sind, gehen (die Eltern) ______ oft lockerer mit den Regeln um. Merkt das Kind, dass Regeln nur manchmal gelten, wird (das Kind) ______ sich nicht unbedingt an (den Regeln) ______ orientieren, sondern am Verhalten (der) ______ Eltern.

3 Das Verb

Zeitformen des Verbs

1 *Ergänze die Zeitformen der Verben.*

Infinitiv	schreiben	halten	gehen	bleiben
Präsens	*ich schreibe*	*es*	*wir*	*sie*
Präteritum	*ich schrieb*			
Perfekt	*ich habe geschrieben*			
Plus-quamperfekt	*ich hatte geschrieben*			
Futur	*ich werde schreiben*			

2 *Setze in den Text die passende Zeitform der angegebenen Verben ein.*

Als unsere Großeltern jung waren, ______________ (kennen) sie weder Computer noch Smartphone. Meine Oma ______________ (sprechen) heute noch oft von dem Tag, als ihre Eltern ein Telefon ______________ (bekommen). Telefonieren durften die Kinder immer erst, nachdem sie ihren Vater um Erlaubnis ______________ ______________ (fragen). Ihr neues Smartphone ______________ (benutzen) meine Oma täglich. Bei meinem letzten Besuch ______________ (verraten) sie mir, dass sie sich demnächst einen Laptop ______________ ______________ (kaufen).

Aussageweisen und Handlungsarten des Verbs

1 *Ergänze die Tabelle, indem du die angegebenen Beispielsätze entsprechend umformst.*

Aktiv	Passiv
Jemand hat mein Fahrrad beschädigt.	Mein Fahrrad wurde (von jemandem) beschädigt.
	Das Handyverbot wird von einigen Schülern nicht eingehalten.
Das Schulforum legt wichtige Termine fest.	

2 a) *Unterstreiche im Text die Passivformen der Verben.*

Gesund und wohlbehalten wurde ein Rentner in einem Waldstück bei Amberg von der Polizei aufgefunden. Der Mann wurde bereits seit drei Tagen von seinen Angehörigen vermisst. Schließlich konnte der Gesuchte von einem Polizeihubschrauber aufgespürt werden.

b) *Setze den Text ins Aktiv.*

3 *Ergänze die Musterbeispiele in der Tabelle.*

Indikativ	Konjunktiv	Umschreibung
Theo sagt: „Das gibt Ärger."	Theo sagt, es gebe Ärger.	Theo sagt, es würde Ärger geben.
Eli meint: „Ich kann nichts essen."	Eli meint,	Eli meint,

4 a) *Markiere im Text die indirekte Rede.*

Die Polizei vermeldete, der Gesundheitszustand des aufgefundenen Mannes sei erstaunlich gut. Der Rentner gab zu Protokoll, er habe sich beim Sammeln von Pilzen verlaufen. Da er früher Pfadfinder gewesen sei, hätte er sich zu helfen gewusst und genug Essbares gefunden.

b) *Was sagte der Rentner zur Polizei? Wandle die indirekt wiedergegebene Aussage in wörtliche Rede um.*

„Ich habe

4 Satzglieder bestimmen

Die Trendsportart Wakeboarden kommt aus den USA. Seit wenigen Jahren ist sie auch bei uns zum Kult geworden. Man bewegt sich dabei auf einer Art „Snowboard“ auf dem Wasser. Die nötige Zugkraft liefert ein Boot oder eine Schleppliftanlage.

Wer oder was? Was tut er/sie/es? Wem? Wen oder was?	Prädikat Akkusativobjekt Subjekt Dativobjekt

1 *Frage nach den Satzgliedern. Schreibe die passenden Fragen in die Kästchen unter die Beispielsätze. Ergänze auch die Namen der Satzglieder.*

Karina	zeigt	ihrer Freundin	einige Fotos.
Sie	beschreibt	ihr	diese Sportart.
Wer oder was?			
			Akkusativobjekt

2 *In den folgenden Sätzen findest du nur zwei der oben eingetragenen Satzglieder. Aber diese Sätze enthalten zusätzliche Angaben (adverbiale Bestimmungen). Ergänze die passenden Fragen und die Namen der Satzglieder.*

TIPP

	Adverbiale Bestimmungen
Wann?/Wie lange?	– der Zeit
Wie?/Womit?	– der Art und Weise
Wo?/Wohin?	– des Ortes
Wozu?/Warum?	– des Grundes

Am Nachmittag	fahren	die beiden Freundinnen	aus Neugier	mit dem Fahrrad	zum Steinberger See.
Bald	stehen	sie		ganz aufgeregt	auf dem Wakeboard.
			Wozu? Warum?		
			Adverbiale des Grundes		

3 *Satzglieder können aus nur einem Wort oder aus mehreren Wörtern bestehen. Durch die Umstellprobe kannst du herausfinden, welche Wörter immer zusammenbleiben müssen.*

a) *Stelle die beiden Sätze probeweise um.*

Subjekt

Der Trainer erklärt den Mädchen zuerst die wichtigsten Handgriffe.

Ganz genau erläutert er jeder Teilnehmerin die Sicherheitsregeln.

b) *Markiere die einzelnen Satzglieder farbig (Subjekt = blau, Prädikat = rot, Objekt = grün, Adverbiale = gelb) und bestimme sie.*

c) *Untersuche ebenso den kurzen Text zum Wakeboarden (auf Seite 38 oben) und bestimme die Satzglieder.*

Viele Sportbegeisterte warten am Abfahrtssteg. Alle leihen sich zuerst eine Schwimmweste aus. Zum Start muss man auf dem Steg sitzen. Die Füße werden parallel auf das Brett gestellt. Dann geht es los. Natürlich liegen die Anfänger zuerst einmal im Wasser. Schon bald dreht jeder ein paar rasante Runden auf dem See. Die meisten werden am Abend einen kräftigen Muskelkater verspüren.

4 a) *Trenne die einzelnen Satzglieder im Text durch einen senkrechten Bleistiftstrich.*

b) *Unterstreiche in jedem Satz das zweite Satzglied farbig. Um welches Satzglied handelt es sich?*

Oft gehört zu diesem Satzglied ein zweiter Teil, der am Satzende steht. Unterstreiche in derselben Farbe.

5 *Viele Verben brauchen ein Objekt als Ergänzung, manche sogar zwei. Probiere aus, welche Ergänzung(en) folgende Verben fordern. Trage passende Objekte ein.*

Verb im Infinitiv	Dativobjekt („Wem?“)	Akkusativobjekt („Wen oder was?“)
ausprobieren		
versprechen		
helfen		
begegnen		
anmelden		
zeigen		

6 *Adverbiale Bestimmungen (Angaben) liefern Zusatzinformationen.*

O	*gleich nebenan*	___	*aus Begeisterung*	___	*den ganzen Tag über*
___	*fast täglich*	___	*im Wasser*	___	*mit wilden Sprüngen*
___	*zwischendurch*	___	*wegen der Hitze*	___	*wie ein großes Karussell*

a) *Bestimme die Angaben: Z = Zeit, O = Ort, G = Grund, A = Art und Weise.*

b) *Wähle aus Aufgabe a) für jeden der folgenden Sätze eine adverbiale Bestimmung aus und setze sie an passender Stelle ein. Schreibe die Sätze auf die Linien unten.*

Die Seilbahn dreht sich.	**Wie? Wo?**
Es herrscht Hochbetrieb.	**Warum? Wann?**
Wer genug vom Wasser hat, kann Beachvolleyball spielen.	**Wo?**
Einige Hartgesottene kommen.	**Warum? Wie oft?**
Ein Profi taucht auf und zieht die Aufmerksamkeit auf sich.	**Wann? Wie?**

5 Sätze und Satzverknüpfungen

1 *Trage die jeweils richtige Konjunktion aus dem Wortspeicher in die Lücke ein.*

obwohl • wenn • da • dennoch • damit • darum • deswegen • dass

Das Smartphone spielt eine wichtige Rolle im Leben der Jugendlichen, ______________ private Kontakte heutzutage vor allem per Handy gepflegt werden. ______________ viele der Meinung sind, ______________ echte Freundschaften im realen Leben eine größere Rolle spielen, können sie sich ______________ nicht mehr vorstellen, auf ihr Smartphone zu verzichten.

2 *Verknüpfe jedes Satzpaar mit zwei unterschiedlichen Konjunktionen. Achte auf die Satzstellung.*

deshalb • aber • jedoch • obwohl • sodass • weil • denn

Marie Curie erforschte mit ihrem Mann Pierre die radioaktive Strahlung bestimmter Stoffe.
Diese Strahlung war sehr gesundheitsschädlich.

Man wusste damals noch nichts über die gesundheitlichen Auswirkungen.
Die Forscher gingen recht sorglos mit radioaktiven Stoffen um.

3 *Forme die beiden zusammengehörigen Sätze zu einem Satzgefüge mit Relativpronomen um. Alle Informationen müssen erhalten bleiben - aber nicht unbedingt alle Wörter.*

John Dalton entwickelte eine grundlegende Theorie über den Aufbau der Stoffe.
Dalton unterrichtete bereits mit 12 Jahren als Lehrer.

Mit dem Kugelmodell der Atome können viele chemische Vorgänge erklärt werden. Es ist nur ein Modell von vielen.

Das Wort Atom stammt aus dem Griechischen. Es bedeutet so viel wie „unteilbar".

6 Wortbedeutung

1 *Welche Oberbegriffe passen dazu am besten?*

Beispiel: Orange – Banane – Ananas → Südfrüchte (nicht „Obst“)

Spaten – Rechen – Schubkarre ______

Füller – Bleistift – Kugelschreiber ______

Stuhl – Sessel – Hocker ______

Kies – Sand – Zement ______

2 *Ersetze „macht / machen“ durch ein passendes Verb. Verwende jedes Verb nur einmal.*

Die Mittelschule ______ (macht) im Juli ein Fest. Jede Klasse ______ (macht) einen Verkaufsstand. Die Produkte für den Verkauf ______ (machen) die Schüler im Unterricht. Auch der Elternbeirat ______ (macht mit).

3 *Ergänze jeweils mindestens drei Beispielwörter aus der gleichen Wortfamilie.*

verärgern ______

Konkurrenz ______

Widerstand ______

4 a) *Kreuze die am besten zutreffende Erklärung für die Redewendungen an.*

b) *Bilde mit jeder Redewendung einen sinnvollen Satz.*

seinen Senf dazugeben ☐ sich beteiligen ☐ sich in ein Gespräch einmischen ☐ zu viel reden	
in den Seilen hängen ☐ sich total anstrengen ☐ erschöpft und müde sein ☐ nichts zustande bringen	
Nägel mit Köpfen machen ☐ handwerklich arbeiten ☐ eine Sache gut und richtig machen ☐ viel Aufwand treiben	

7 Zeichensetzung

1 a) *Markiere im folgenden Text diejenigen Stellen, an denen diese Satzzeichen fehlen:*

Punkte und Fragezeichen • Komma bei Aufzählung • Einschub mit Gedankenstrich • Anführungszeichen zur Hervorhebung eines nicht wörtlich gemeinten Namens

Das Lieblingsfrühstück steht bereit die Wäsche ist gewaschen und gebügelt die Reste vom nächtlichen Imbiss sind weggeräumt In einem gut geführten Hotel ist aufmerksamer Service selbstverständlich Gibt es so etwas auch kostenlos Das volle Dienstleistungsprogramm genießen viele junge Leute auch wenn sie längst volljährig sind im Hotel Mama

b) *Schreibe den Text mit allen Satzzeichen in dein Heft.*

2 a) *Markiere im folgenden Textabschnitt die wörtliche Rede.*

b) *Schreibe die Sätze mit wörtlicher Rede auf und setze die Satzzeichen.*

c) *Unterstreiche die Aufzählung im Text.*

d) *Markiere die beiden Konjunktionen im Text, die Nebensätze einleiten.*

Warum sollte ich ausziehen? meint Thorsten. Der junge Mann wohnt mit 25 Jahren noch zu Hause, obwohl er sich eine eigene Wohnung leisten könnte. In einem Interview gab er zu Es ist bequem, ich spare viel Geld und muss mich nicht dauernd um den Haushalt kümmern. Seine Eltern haben nichts dagegen, dass ihr erwachsener Sohn bei ihnen wohnt.

3 a) *Markiere im folgenden Text die Stellen, an denen ein Satz endet.*

b) *Unterstreiche den nicht wörtlich gemeinten Begriff.*

c) *In zwei Sätzen findest du Einschübe. Überprüfe, ob dort anstelle des Kommas auch Gedankenstriche stehen können.*

d) *Markiere die Stellen, an denen außerdem ein Komma gesetzt werden muss. Achte auf den erweiterten Infinitiv mit zu.*

Erwachsene Nesthocker sind statistisch betrachtet überwiegend männlich und leben häufiger auf dem Land nicht immer verläuft das Zusammenleben reibungslos die meisten Eltern aber durchaus nicht alle wünschen sich dass ihre Kinder endlich auf eigenen Beinen stehen vor allem den Müttern fällt es jedoch oft nicht so leicht loszulassen was dazu beiträgt den Auszug aus dem Elternhaus hinauszuzögern.

e) *Schreibe den Text mit allen notwendigen Satzzeichen in dein Heft.*

4 a) *Lies den Text laut. Wo endet ein Satz? Kennzeichne das Satzende durch einen senkrechten Strich.*

b) *In dem Text kommen auch Fragen und Ausrufe (in wörtlicher Rede) vor. Unterstreiche diese Textstellen.*

c) *Sprechpausen geben Hinweise auf die Kommasetzung. Lies den Text erneut und kennzeichne beim Lesen die notwendigen Sprechpausen.*

d) *Schreibe den Text mit allen notwendigen Satzzeichen in dein Heft. Es gibt manchmal mehrere Lösungen.*

TIPP

Wiederhole die Grundregeln der Zeichensetzung, die du gelernt hast. Du kannst dein Schulbuch oder ein Wörterbuch nutzen. Achte besonders auf

- Sprechpausen (Punkt/Komma),
- Frage-und Ausrufezeichen,
- Gedankenstrich,
- Doppelpunkt,
- Zeichen der wörtlichen Rede.

Die Kälte kriecht langsam von den Fußspitzen in alle Körperteile es ist die Enge die Dunkelheit die Unsicherheit die einen an den Rand des Wahnsinns bringen kann von draußen dringen gedämpfte Stimmen durch die Schneemassen such Hexe Bergwachtausbilder Franz Meyer befiehlt und Hexe sucht die schwarze Hündin schnüffelt gräbt mit ihren Vorderpfoten den Schnee auf ist da was nach drei Minuten lugt ihre Schnauze durch ein kleines Loch eine Minute später steht sie wedelnd in der Enge des Schneelochs (...)

Es knattert Schnee staubt auf ein Rettungshubschrauber der Bundeswehr fliegt Hunde und Bergwachtmänner des Bayerischen Roten Kreuz ein eine rostrote Qualmwolke weist den Piloten den Weg trotz Hubschrauber wir kommen meist zu spät sagt das Herrchen von Hexe Franz Meyer er senkt dabei den Kopf nur ein Fünkchen Hoffnung habe er bei Lawinenabgängen das reicht um uns zu motivieren

5 *In dem folgenden Text fehlen alle Kommas.*

a) *Lies den Text und setze zunächst das Komma nach Gefühl – mit Bleistift.*

b) *Im Text kommen die drei häufigsten Regelfälle zur Kommasetzung vor (siehe Tipp). Suche dazu passende Beispiele im Text und markiere sie in unterschiedlichen Farben.*

c) *Überprüfe mit dem Lösungsheft.*

TIPP

Achte auf das Komma bei:

- Aufzählungen
- Satzgefügen mit Konjunktion oder Relativpronomen
- nachgestellten Erklärungen, Einschüben in den Satz

Unter der Alpspitznordwand beim oberbayerischen Garmisch-Partenkirchen suchen am Mittwoch 21 Männer und 26 Hunde bei einer Übung nach „Verschütteten". Als der Morgen graute gingen nahe der Pisten Schneebretter ab. Jetzt sind die Hunde am Bellen Schnüffeln Graben. Die Männer der Bergwacht schreien ihre Hunde an die aufs Wort folgen. Die Bergwacht übt wie so oft. Die Lawinen haben sie mit Sprengstoff ausgelöst und die „Verschütteten" haben sich in Schneelöcher eingraben lassen. (...)

Im vergangenen Jahr starben in den bayerischen Alpen drei Menschen in Lawinen. Im österreichischen Jamtal kamen acht Skifahrer ums Leben die eine Lawine ausgelöst hatten. Wer verschüttet wird ist meist verloren. Wenn eine Lawine ausgelöst ist so rät Beeker sollten Skifahrer sofort die Ausrüstung von sich werfen. Und ein weiterer Rat von ihm ist dass man sich zusammenkauert und Schwimmbewegungen macht. Dann helfe nur noch hoffen.

Rechtschreiben

1 Rechtschreibstrategien

TIPP

Lege Karteikarten zu Lösungshilfen (Rechtschreibstrategien) an. Sammle auf der Rückseite der Karten möglichst viele dazu passende Wortbeispiele.

TIPP

Auch „Eselsbrücken" sind sinnvolle Hilfen, wie z. B.: -ung, -nis-, -sal, -schaft, -heit, -tum, -keit schreibe groß zu jeder Zeit.

1 *In jedem Beispiel ist eine Rechtschreibschwierigkeit markiert. Welche der Lösungshilfen wurde jeweils angewendet? Ordne zu.*

Beispiel	Lösungshilfen
Plätze – Platz	**A** Ich achte auf die Endung und prüfe die Wortart.
Arbeits-stelle	**B** Ich suche ein verwandtes Wort / setze das Wort in den Singular.
laufend – laufende	**C** Ich verlängere das Wort und spreche es deutlich.
etwas Besonderes	**D** Ich trenne das Wort in Sprechsilben.
Erfahrung	**E** Ich bilde die Grundform des Wortes.
die Arbeit	**F** Ich achte auf den vorangehenden Vokal und spreche das Wort deutlich.
nass	**G** Ich führe die Artikelprobe durch.
besteht – bestehen	**H** Ich achte auf das Begleitwort (Signalwort).

2 a) *Um Nomen zu erkennen, gibt es mehrere Strategien. Markiere diese Lösungshilfen bei Aufgabe 1.*

b) *Entscheide im folgenden Text, welche Strategie am sinnvollsten ist.*
Beispiel: Bedeutung – Strategie A

Die B/bedeutung des Z/zuhörens wird zuweilen unterschätzt. Dabei handelt es sich um eine S/sprachliche B/basiskompetenz, welche T/tagtäglich gebraucht wird. Einen G/großteil unseres W/wissens erwerben wir von K/klein auf durch B/beobachten und durch Z/zuhören. Nur ein geringer B/bruchteil des natürlichen L/lernens erfolgt über direkte B/belehrungen.

c) *Schreibe den Text in der richtigen Schreibweise in dein Heft und kontrolliere mit dem Lösungsteil.*

2 s-Laute

1 a) *Schreibe eine Regel zur Unterscheidung von **das** und **dass** auf.*

____

____

b) *Setze das richtige Wort ein.*

Es ist kaum zu glauben, ______ diese Unterscheidung so schwer ist. Ein Wort, ______ so häufig vorkommt, sollte man richtig schreiben. Aber ______ ist ja gerade ______ Problem. Es stiftet Verwirrung, ______ ______ kleine Wörtchen einen immer wieder aufs Glatteis führt. Die Verwendung der Konjunktion „______“ kann man trainieren. Hilfreich ist aber auch ______ probeweise Ersetzen des Wortes durch „dieses“ oder „welches“. Klappt ______ Einsetzen nicht, musst du „______“ schreiben.

2 *Setze die fehlenden s-Laute (s - ss - ß) ein.*

TIPP
In Fremdwörtern gibt es kein ß.

Die Ergebni ____ e der Befragung zur Gestaltung unseres Schulfe ____ tes wurden ge ____ tern in der Schülerversammlung besprochen. Die Schüler der unteren Kla ____ enstufen stimmten erwartungsgemä ____ für das Motto „Spiel und Spa ____“. Einige Schüler favori ____ ierten zwar die Devi ____ e „Party ohne Grenzen“, die ____ e Idee landete aber als unangeme ____ en im Papierkorb. Rigoro ____ abgewie ____ sen wurde der Vorschlag, da ____ Ganze ins Freibad zu verlegen. Eine Teilnehmerin äu ____ erte sich be ____ onders kritisch. Sie war der Meinung, da ____ solche Veranstaltungen nicht mehr zeitgemä ____ seien. Damit lö ____ te sie allerdings einen Sturm der Entrü ____ tung aus. Am Schlu ____ wurde nach lebhafter Di ____ ku ____ ion beschlo ____ en, da ____ eine abschlie ____ ende Lö ____ ung des Problems bei der nächsten Sitzung gefunden werden mu ____.

3 *Im folgenden Text gibt es bei den s-Lauten vier Fehler. Schreibe die Wörter in verbesserter Form auf die Zeile unter dem Text.*

In vielen Schulen finden regelmäsig Vollversammlungen statt. Es zeigt sich, das solche Zusammenkünfte bei den meisten Schülern sehr beliebt sind. Schon Grundschulkinder beweißen verstärkt Interesse an der Mitgestaltung ihrer Schule und sind bereit, sich auch auserhalb der Schule für soziale Projekte zu engagieren.

3 Groß- und Kleinschreibung

1 *Streiche jeweils die falsche Schreibweise durch.*

Sehr geehrter Herr Bauer,

Ich / ich danke Ihnen / ihnen für das großzügige Angebot, meinen Vertrag zu verlängern. Beim Ausfüllen / ausfüllen des Fragebogens fiel es mir leicht, alle gewünschten Angaben / angaben zu machen. Wie Sie / sie wissen, kenne ich die Abläufe in einem Betrieb wie Ihrem / ihrem aus eigener Erfahrung / erfahrung.
Meine Zeugnisse habe ich noch nicht vorliegen, ich werde Sie / sie aber voraussichtlich in wenigen Tagen / tagen erhalten und Ihnen / ihnen sofort zusenden.

TIPP

Anredefürwörter musst du bei der Höflichkeitsanrede (z. B. in Briefen oder E-Mails) großschreiben.
Welche Strategie hilft dir bei den anderen Entscheidungsfällen im Text am besten? Denke an
Endung,
Begleitwort,
Artikelprobe.

2 *Markiere die richtige Schreibweise.*

Jeden Morgen / morgen vor Beginn des Unterrichts werden in allen Klassen die Handys eingesammelt. Erst mittags / Mittags bekommen alle ihr wertvolles Gerät zurück. Fast jeder hat sich mittlerweile an das tägliche / Tägliche Ritual gewöhnt. Nachdem es einige wochenlang/ Wochen lang gut geklappt hat, wird die Regelung nun allgemein akzeptiert. Nur am Montag früh / Montagfrüh / montagfrüh muss mancher wieder daran erinnert werden.

TIPP

Überprüfe Zeitangaben mithilfe der vereinfachten Regel:

mehrere Wörter → getrennt, Nomen großschreiben
z. B. *gegen Abend*

ein Wort → klein, mit s am Ende, zusammenschreiben
z. B. *abends*

3 *Schreibe die Sätze in der richtigen Groß- und Kleinschreibung auf.*

UNSERESCHULVERPFLEGUNGENTSPRICHTOFTNICHTDENPRINZIPIENGESUNDERERNÄHRUNG. VIELZUVIELEKINDERUNDJUGENDLICHESITZENOHNEFRÜHSTÜCKINDERSCHULEUNDWERDENSO, NACHEINBISZWEISTUNDENUNTERRICHT,VOMHEISSHUNGERREGELRECHTÜBERROLLT.MANGELSANGEBOTODERAUCHAUSZEITGRÜNDENGREIFENDANNDIEMEISTENAUFETWASSÜSSESZURÜCK.

4 Getrennt- und Zusammenschreibung

1 *Bilde aus den angegebenen Wörtern ein sinngemäßes zusammengesetztes Wort.*

Chancen für die Zukunft ____________________

ein Beitrag zum Wettbewerb ____________________

Stoffe, welche die Umwelt belasten → ____________________ Stoffe

Schnee, der mehrere Meter hoch ist → ____________________ Schnee

2 **a)** *Markiere im folgenden Text die zusammengesetzten Wörter.*

Wohin mit dem Spot? *Bodo Land*

Für viele Zuschauer sind sie nervtötende Unterbrechungen, für die Privatsender die Existenzgrundlage: die Werbespots. Es geht dabei um Milliardenbeträge, denn viele Konkurrenten kämpfen um die bestplatzierten Zeitfenster der begehrten Spots. Die Frage, die sich stets aufs Neue stellt: Wie schaffen wir es, dass der Zuschauer nicht mittendrin wegzappt?

Die Lösung ist gar nicht so einfach, denn es gibt Auflagen, die eingehalten werden müssen. So dürfen Kindersendungen unter 30 Minuten nicht durch einen Werbeblock unterbrochen werden und sowohl die erlaubte Anzahl der Spots als auch die insgesamt zulässige Werbezeit pro Stunde darf nicht überschritten werden.

Bei den Privatsendern sind Werbeschnittredakteure dafür verantwortlich, dass die Spots sinnvoll in die Sendung „hineinkomponiert" werden. So soll zum Beispiel ein Dialog ebenso wenig unterbrochen werden wie ein abgeschlossener Handlungsstrang oder ein Kameraschwenk.

b) *Zerlege die markierten Zusammensetzungen in einzelne Wörter.*

nerv - tötende, ____________________

____

____

____

____

____

3 *Entscheide, welche Schreibweise richtig ist.*

TIPP
Lies wichtige Regeln zur Zusammenschreibung noch einmal nach, z. B. in deinem Schulbuch.
Achte auf die Bedeutung!

Als Moderator muss man sehr selbstbewusst / selbst bewusst sein und frei sprechen / freisprechen können. Wenn der Sprecher vor dem Publikum stecken bleibt / steckenbleibt, ist es wichtig, dass er sein Missgeschick herunterspielen / herunter spielen und geschickt überbrücken kann. Auf keinen Fall darf man unbequemen Gesprächspartnern einfach sagen, dass sie falsch liegen / falschliegen. Der Moderator kann bestenfalls / besten Falls versuchen, sachliche Argumente entgegenzusetzen / entgegen zu setzen. Dies erfordert Sachkompetenz, aber auch die Fähigkeit, sich selbst zurückzunehmen / zurück zu nehmen, ohne zu widersprechen /wider sprechen.

5 Fremdwörter

1 a) *Welches Wort in der Reihe ist **kein** Fremdwort? Streiche es durch.*

b) *Die hier vorkommenden „Nicht-Fremdwörter" haben typisch deutsche Wortbausteine. Markiere sie.*

Kontakt – Kommunikation – Kolik – Köder

interessant – provokant – bekannt – charmant

Team – Entzug – Projekt – Prestige – Export

physisch – aktuell – mäßig – visuell – naiv

Sabotage – Phrase – Vorlage – Installateur/-in – Chauffeur/-in

renovieren – konzentrieren – vergüten – produzieren

TIPP

Fremdwörter kannst du z. B. an folgenden Merkmalen erkennen:
- Aussprache (z. B. Chance, Job)
- Wortbausteine
- (z. B. EX-/ PRO-/ -ION / -TÄT)
- Buchstaben(-verbindungen) (y / th / iv / ph)

c) *Schreibe die Fremdwörter, die nicht lauttreu geschrieben werden, auf. Ergänze jeweils dazu passende weitere Beispiele mit der gleichen Laut-Buchstaben-Zuordnung.*

Team – Beamer

charmant –

2 *Stelle Listen von Fremdwörtern mit bestimmten Wortbausteinen bzw. Buchstabenverbindungen zusammen.*

TIPP

Arbeite mit dem Wörterbuch oder mit Texten aus der Zeitung.

Kon- / kon-

Pro- / pro-

Ph- / ph-

-ieren

Ex- / ex-

-(t)ion

-ik

-(i)ell

3 *Im folgenden Text sind vier Fremdwörter falsch geschrieben. Finde sie und schreibe sie fehlerfrei auf.*

Das Handballmetch war spannend bis zuletzt. Im Torraum der konkurierenden Mannschaften spielten sich hecktische Szenen ab. Die Leistung der Teams war sensatsionell, obwohl sich beide Trainer zuvor skeptisch geäußert hatten.

Übungen zum Prüfungsteil C: Lesen

Sprachverständnis

Sprachliche Bilder und Wortspiele erklären

Sprachliche Bilder und Wortspiele

Sprachliche Bilder (Vergleiche, Metaphern) und **Wortspiele** sind nicht wörtlich gemeint. Sie werden in Texten als Stilmittel verwendet und drücken etwas Bedeutsames auf besondere Weise aus.

1 *Im folgenden Satz stecken zwei sprachliche Bilder. Umschreibe das Gemeinte mit anderen Worten.*

Er hatte die Nase voll und packte seine Siebensachen.

2 *Welche Redewendung passt zu welcher Erklärung? Ordne zu.*

A sich ein Bein ausreißen	☐ etwas Unrechtes tun, schuldig werden
B sich die Haare raufen	☐ sich selbst schaden
C sich die Finger verbrennen	☐ verzweifelt, entsetzt sein
D sich die Hände schmutzig machen	☐ vorsichtig sein
E sich auf die Socken machen	☐ losgehen, aufbrechen
F auf der Hut sein	☐ sich ganz besonders anstrengen

3 *Erkläre die beiden sprachlichen Bilder im folgenden Text. Achte auf den Textzusammenhang.*

Die Untersuchung der Ursachen und Folgen von Ausbildungsabbrüchen führt zu interessanten Ergebnissen. Die meisten Jugendlichen werfen das Handtuch, weil sie erkennen, dass ihre Erwartungen und Vorstellungen mit den tatsächlichen beruflichen Anforderungen nicht in Einklang zu bringen sind. Oft wird ihnen aber auch ganz regulär während der Probezeit gekündigt.

das Handtuch werfen

(nicht) in Einklang bringen

4 **a)** *In dem folgenden Wortspiel stecken zwei Redewendungen. Schreibe sie heraus.*

Nicht jeder, der aus dem Rahmen fällt, war vorher schon im Bilde.

b) *Gib an, welche Bedeutung die Redewendungen im Alltag haben, und erkläre die Bedeutung des Wortspiels.*

5 *Bildhafte Sprache begegnet dir auch im Alltag. Verwende eine oder zwei der auf S. 50 genannten Redewendungen in einem kurzen erzählenden Text. Denke dir dazu eine passende Situation aus.*

6 **a)** *Im folgenden ersten Abschnitt einer Erzählung verwendet die Autorin sprachliche Bilder, um ihre Eindrücke zu beschreiben. Markiere diese Textstellen.*

Einmal habe ich eine Zeit lang in China gelebt. Ich war im Frühling in Shanghai angekommen, und die Hitze war mörderisch. Die Kanäle stanken zum Himmel und immer war der ranzige, üble Geruch von Sojabohnenöl in der Luft. Ich konnte und konnte mich nicht eingewöhnen. [...] Nachts zirpten die Zikaden im Garten und ließen mich nicht schlafen. Im Herbst kam der Taifun, und der Regen stand wie eine gläserne Wand vor den Fenstern. Ich hatte Heimweh nach Europa. Da war niemand, mit dem ich befreundet war und der sich darum kümmerte, wie mir zumute war. Ich kam mir ganz verloren vor in diesem Meer von fremden [...] Gesichtern.

b) *Zitiere einen der bildhaften Vergleiche und erkläre die Bedeutung mit eigenen Worten.*

7 *Die Karikatur bezieht sich auf ein sprachliches Bild.*

a) *Ergänze die bildhafte Aussage:*

Die großen Fische

b) *Um welches Thema könnte es gehen?*

Thema und Inhalt von Texten

1 Das Thema erfassen – Informationen geordnet notieren

1 *Lies den Text aufmerksam durch. Worum geht es? Markiere.*

Ohne Schulsanitäter wird es eng *Alexander Brock*

Verband anlegen, zudecken und den Notruf wählen – ohne Schulsanitäter hätten Rettungsdienste um ein Vielfaches mehr zu tun. [...]

Es sind eher kleinere Einsätze bisher gewesen, aber an einen kann sich Magali noch ganz gut erinnern. Die Schulsanitäterin fand zusammen mit einer Freundin ein Mädchen, das zusammengebrochen war und regungslos auf dem Toilettenboden lag. „Ich bekam erst einen großen Schreck und wusste aber gleich, was zu tun ist", sagt die 15-Jährige. „Ich berührte die bewusstlose Schülerin, sie kam wieder zu sich."

Dann holte Magali einen Rollstuhl und schob das blasse Mädchen in den Schulsanitätsraum. „Wir legten ihr die Beine hoch und gaben ihr ganz viel zu trinken." Offensichtlich hatte die Betroffene in den zurückliegenden Stunden zu wenig getrunken. Allmählich wurde die Schülerin wieder fit und konnte in ihre Klasse zurück.

Situationen wie diese kommen in Schulen oft vor, erklärt Matthias Koroll vom Bayerischen Jugendrotkreuz in Nürnberg. Schulsanitäter entlasten auf diese Weise die Rettungskräfte, die nicht mit ihrem ganzen Equipment anrücken müssen, wie das Beispiel mit dem bewusstlosen Mädchen zeigt. In ernsteren Fällen wählen Schulsanitäter selbstverständlich den

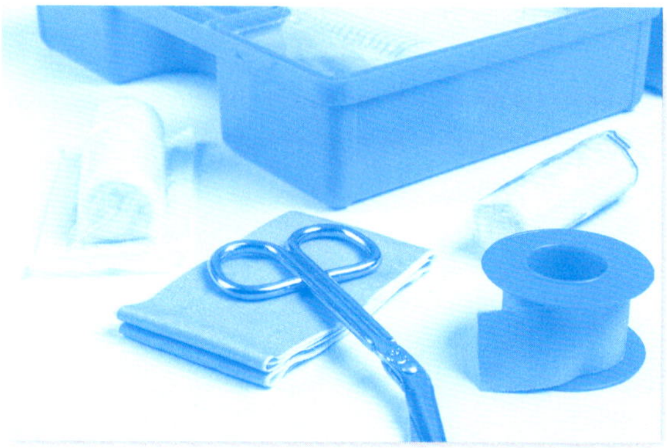

Notruf und überbrücken mit Erste-Hilfe-Behandlungen die Zeit, bis die Berufssanitäter und – wenn nötig – der Notarzt eintreffen. [...]

In der Regel sind es sicher nicht die schweren Einsätze, die Schulsanitäter erwarten – obwohl sie darauf vorbereitet wären. Übelkeit, Kopfschmerzen, Kreislaufschwächen, kleinere Wunden oder Prellungen sind die häufigsten Leiden, mit denen sie es zu tun bekommen.

Die acht für das Jugendrotkreuz arbeitenden Schulpaten sind in Nürnberg für 800 Jungsanitäter an 50 Schulen zuständig. Koroll: „Das ist aber nicht alles. Auch der Arbeiter-Samariter- Bund, die Johanniter und der Malteser Hilfsdienst bilden Schulsanitäter aus. Wir haben alle das gleiche Ziel: Menschen zu helfen."

2 *Worum geht es in dem Text? Fasse das Thema in ein bis zwei Sätzen zusammen.*

3 a) *Erkläre die Überschrift mit eigenen Worten.*

b) *Formuliere eine eigene Überschrift, die zum Inhalt des Textes passt.*

4 *Schulsanitäter nehmen den professionellen Rettungskräften Arbeit ab. Notiere stichpunktartig, um welche Arbeiten es sich handelt. Verwende Spiegelstriche. Sie gliedern eine Aufzählung.*

TIPP

Stichpunktartig heißt: keine einzelnen Wörter, aber auch keine vollständigen Sätze

5 *Schulsanitäter müssen entsprechend der Schwere eines Falles unterschiedliche Maßnahmen ergreifen. Erstelle eine Übersicht (z. B. Mindmap, Cluster oder Tabelle), die zeigt, was Schulsanitäter jeweils in welcher Situation tun.*

TIPP

Mindmap

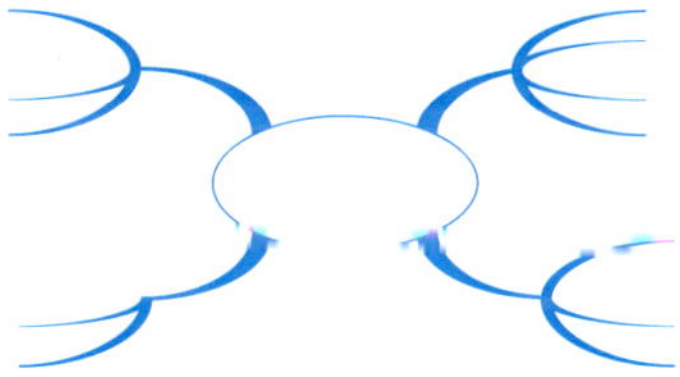

Cluster

Tabelle

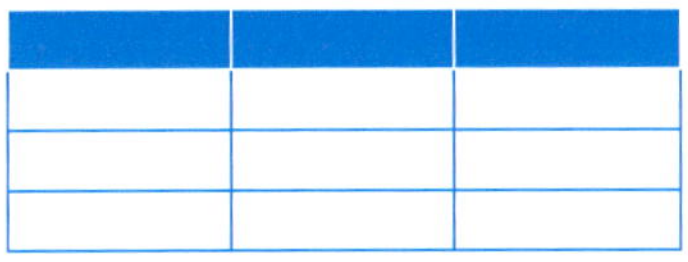

2 Den Inhalt eines literarischen Textes zusammenfassen

1 *Markiere beim Lesen des Textes wichtige Informationen zu Zeit, Ort, Personen und Handlung.*

Alles klar *Reiner Engelmann*

Hassan spürte das nasskalte Novemberwetter nicht, als er am späten Nachmittag aus dem Hallenbad kam und sein Fahrrad vom Fahrradständer holte. [...] Er hatte Marion im Schwimmbad getroffen. Zufällig. Plötzlich war sie neben ihm aufgetaucht. Und später lag er auf der Liege neben ihr. Er hätte sich nie getraut, sich einfach neben sie zu legen. Wegen Harry. Marions Freund. Der war auf jeden eifersüchtig. Aber Marion hatte ihn gefragt, sie hatte auf die freie Liege gezeigt und ihn wirklich gefragt, ob er sich zu ihr legen wolle. Und ob er das wollte! „Sie hat mich wirklich gefragt!", rief Hassan in den dicken Nebel. Dabei ließ er den Lenker seines Fahrrades los, breitete die Arme aus, als wolle er jemand, nicht irgendjemand, sondern Marion, umarmen. Und dabei spürte er eine angenehme Wärme. Von innen kam die. Er genoss es, durch diesen Nebel zu fahren, außer Nebel nichts zu sehen, nicht abgelenkt zu werden von den Dingen, die sich in dem dicken feuchten Grau verbargen, sondern in Gedanken den Nachmittag mit Marion noch einmal zu durchleben. Wie sie nebeneinander lagen, am Anfang noch ganz schüchtern, verlegen, nicht recht wussten, was sie sagen sollten, worüber sie reden konnten, und dann ging es auf einmal doch.

„Schon seltsam", dachte Hassan, plötzlich redeten sie, redeten, wie sie es früher schon oft getan hatten, in der Schule, manchmal auch nach dem Unterricht, aber meistens über die Schule, über Lehrer, und wenn mehr Zeit war, über Musik, über Bücher, über Feten, über Freunde und wer mit wem ging, über Erlebnisse und Erfahrungen, über Ernstes und Nonsens, und immer waren andere dabei, nur an diesem Nachmittag nicht, da waren sie allein unter den vielen Badegästen, da lagen sie auf zwei Liegen nebeneinander und redeten und redeten, er erzählte von seiner Familie und von Marokko, einem Land, das er nur von Besuchen bei Verwandten dort kenne, Marion vom Italienurlaub mit der Familie und von dem, was sie später einmal machen wolle, schwammen zwischendurch einige Bahnen und redeten weiter. Dabei merkten sie nicht, wie Gerd, ein Freund von Harry, sie eine Zeit lang beobachtete. Hassan bekam vom Reden und Zuhören und Neben-Marion-Liegen ein ganz warmes Gefühl im Bauch. Und mit diesem warmen Gefühl im Bauch und dem feuchtkalten Gefühl am Hinterteil fuhr er die Straße hinunter in den Ort bis zum Marktplatz, wo er sein Fahrrad an einen Laternenpfahl ankettete. Er musste noch rasch Tintenpatronen [...] im Schreibwarengeschäft besorgen, als Harry, Gerd und Stefan aus dem Halbdunkel des Springbrunnens auf ihn zutraten.

2 a) *Erkläre die Überschrift mit eigenen Worten.*

b) *Formuliere eine Überschrift, die mehr über den Inhalt des Textes verrät.*

3 a) *Überlege, was der Kern dieser Geschichte ist. Achte auf den Schluss der Textes. Schreibe deine Gedanken stichpunktartig auf.*

b) *Welche Einzelheiten sind nicht so wichtig für den Ablauf des Geschehens? Streiche sie mit Bleistift durch.*

TIPP

Für das Zusammenfassen eines literarischen Textes ist es hilfreich, mit einem **Basissatz** zu beginnen.
In einem Basissatz werden Titel, Verfasser/-in, Hauptperson(en) und der Kern der Handlung genannt.

4 *Ergänze im folgenden Basissatz die fehlenden Informationen.*

In dem Text „ _______ *" von* _______

geht es um _______ *, der* _______

TIPP

In literarischen Texten werden Gedanken und Gefühle oft sehr ausführlich geschildert. Für die Textzusammenfassung musst du dir überlegen: Wie fühlt sich die Person und warum?

5 *Notiere stichpunktartig, wie sich Hassan fühlt, und nenne jeweils den Grund dafür.*

6 *Bei Kurzgeschichten ist der Wendepunkt oft am Ende des Textes. Welche Wende wird hier angedeutet? Schreibe ein bis zwei Sätze.*

7 *Fasse deine Notizen von Aufgabe 3 bis 6 zu einer knappen Inhaltsangabe zusammen. Achte auf die Zeitform Präsens. Schreibe in dein Heft.*

3 Kernaussagen formulieren – Sachtext

Schlüsselbegriffe finden

Schlüsselbegriffe enthalten die wichtigsten Informationen des Textes. Du findest sie schnell, wenn du Fragen an den Text stellst: Wer? Was? Wann? Wo?

1 *In diesem Text erfährst du viel über Autisten. Lies zuerst „mit dem Bleistift" und markiere erst beim zweiten Lesen die wichtigsten Informationen.*

Wenn einen auf der Party die Geräusche überfluten *Silke Bauerfeind*

[...]

Autisten haben eine veränderte Wahrnehmung. Das heißt, dass bei ihnen die Sinneseindrücke zu stark, zu schwach oder verzögert auftreten. Sie sehen, riechen, hören, schmecken oder fühlen anders als normal.

Das kann dazu führen, dass sie bei bestimmten Geräuschen Schmerzen im Ohr haben. Stellt euch vor, jemand würde euch ständig mit einer Trillerpfeife ins Ohr pusten. Einem Autisten geht es manchmal ähnlich – vielleicht wenn er einen Hubschrauber hört, oder wenn die Kirchenglocken läuten.

Autisten fehlt häufig auch der sogenannte „Partyfilter", den andere Menschen haben. Wenn ihr auf einer Party oder in der Disko seid und euch mit jemandem unterhalten wollt, müsst ihr mehrere Sachen ausblenden: die laute Musik, andere sprechende Personen, Geräusche an der Bar. Autisten können das oft nicht, denn für sie ist alles gleich laut. Das geht ihnen auch im Alltag so: im Straßenverkehr, im Klassenzimmer, in der Sporthalle ... Das kann sehr schmerzhaft für die Ohren sein.

Manche Autisten fühlen Heißes erst spät, sodass sie kein Schmerz vor Verletzungen warnt. Auch normale Berührungen können für Autisten unangenehm sein. Oder sie können einen bestimmten Geruch nicht aushalten. Alle diese verschiedenen Arten der Wahrnehmung führen zu einem Verhalten, das auf uns möglicherweise befremdlich wirkt. So wirft sich vielleicht ein autistisches Kind schreiend auf den Boden, weil es damit ein Geräusch, das ihm im Ohr schmerzt, übertönen will. Oder ein Mensch mit Autismus läuft aufgeregt davon, um sich vor einer Menschenmenge zu schützen, die ihn berühren könnte.

Dabei sollte man nie vergessen: Autisten verhalten sich nicht so, weil sie andere ärgern oder ihnen sogar schaden wollen. Im Gegenteil: Sie versuchen einfach, in unserer Welt mit all ihren Geräuschen, Gerüchen und Menschen klarzukommen.

Über Autisten sagt man manchmal, ihnen wären die Gefühle anderer Menschen fremd oder egal. Das stimmt aber nicht. Vielmehr können viele Autisten die Stimmung anderer nicht einfach am Gesichtsausdruck ablesen. Erklärt man ihnen aber die Situation, können sie sehr wohl mitfühlend sein.

Auch wenn sich Autisten manchmal für uns seltsam verhalten und vielleicht auch nicht sprechen, sind sie nicht weniger intelligent. Es gibt erwachsene Autisten, die Physik studieren, sich aber nicht selbstständig ein Brot schmieren können. Vielleicht könnt ihr euch vorstellen, dass es nicht einfach ist, mit diesen Einschränkungen zu leben, und dass es auch frustrierend ist, wenn man deshalb ausgelacht oder als dumm bezeichnet wird.

Dabei würden viele Autisten gern mehr Kontakt zu anderen haben. Ein zwölfjähriger Autist aus Mittelfranken sagt zum Beispiel: „Mein größer Wunsch ist, dass mich mal jemand fragt, ob wir was zusammen machen wollen. Ich selbst traue mich nicht mehr, weil viele über mich lachen."

2 *Ordne die sachlichen Informationen über Autisten. Notiere zu jedem Oberbegriff Stichpunkte.*

Probleme von Autisten	
Verhaltensweisen	
Gründe für das Verhalten	
Fähigkeiten	

Kernaussagen

Kernaussagen stützen sich auf Schlüsselbegriffe. Sie geben nicht den vollständigen Text wieder. Beschränke dich auf einige wesentliche Punkte.

3 **a)** *Formuliere mithilfe der Stichpunkte aus Aufgabe 2 eine Kernaussage zu zwei Oberbegriffen.*

b) *Fasse das Thema des Textes in wenigen Sätzen zusammen.*

In dem Text geht es um

4 Kernaussagen formulieren – Sachtext und Schaubild

1 *Lies den Text genau und unterstreiche die Schlüsselbegriffe.*

Risikogruppe 18- bis 24-Jährige

Es besteht ein großer Unterschied zwischen der Selbsteinschätzung junger Autofahrer und ihren tatsächlichen Fähigkeiten hinter dem Steuer. Manche der Anfänger glauben schon nach wenigen Wochen Fahrpraxis so sicher zu fahren, dass sie die Gefahren der Geschwindigkeit nicht mehr ernst nehmen und ihr Fahrvermögen sehr hoch bewerten. Häufig fehlt auch das Gefühl für mögliche Gefahren durch Straßenverhältnisse und Witterung. Entsprechend sind folgende Unfallarten besonders charakteristisch für Fahranfänger: Abkommen von der Fahrbahn und Schleudern und Zusammenstöße in Kurven wegen unangepasster Geschwindigkeit. Unfälle mit Fahranfängern passieren besonders oft am Samstag und Sonntag in den frühen Morgenstunden. Auf dem Heimweg von der Disko und oft im Zusammenspiel mit Alkohol wird das Unterschätzen von Gefahren lebensgefährlich.

2 *Formuliere zwei Kernaussagen zum Inhalt des Textes. Achte dazu auf die Schlüsselwörter. Lasse Einzelheiten weg und formuliere eigene Sätze.*

3 *Mit dem folgenden Schaubild kannst du das Thema / die Überschrift des Textes oben belegen. Formuliere eine entsprechende Aussage.*

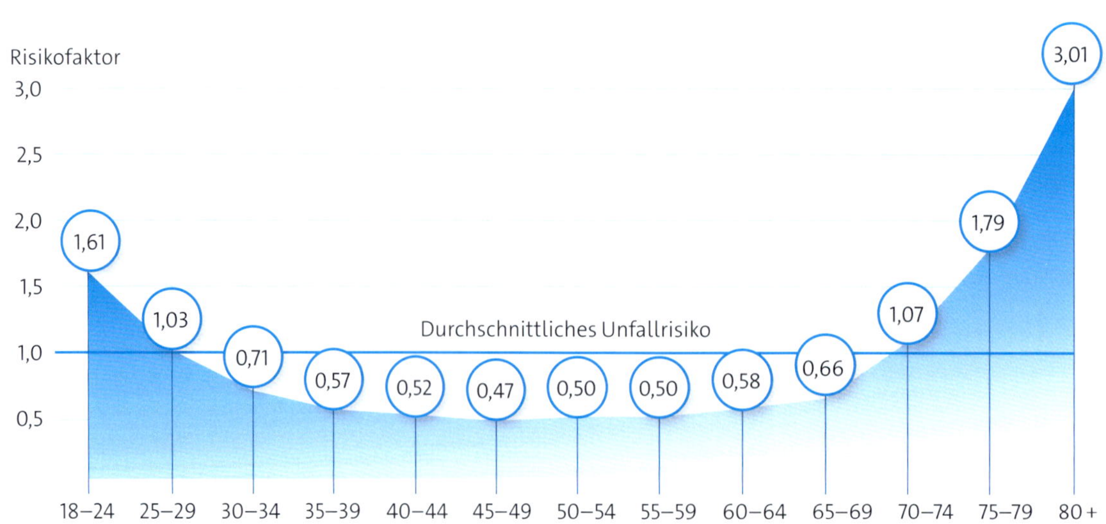

Das Schaubild zeigt

5 Zitate im Textzusammenhang erläutern

1 *Welche Textstellen findest du besonders wichtig für das Verständnis dieser Geschichte? Markiere nicht mehr als vier Textstellen.*

TIPP

Um das Thema und den Inhalt eines Textes zusammenzufassen, kannst du dich auf Zitate stützen. Sie belegen deine Aussagen.

Manons Oma *Bettina Obrecht*

Außer in Cafés und in den Park gingen wir noch gerne in die Musikabteilung des Kaufhauses und hörten uns die neuesten CDs an. Am Anfang mochte Oma CDs überhaupt nicht leiden. „Diese lächerlichen kleinen Glitzerscheibchen", sagte sie. „Ich will doch auch was haben für mein Geld!" Aber mit der Zeit gewöhnte sie sich an den Klang und schließlich bestand sie darauf. Sie ließ sich in der Nähe der Kasse auf einem Hocker nieder und setzte einen der vielen über den Verkaufsständen herunterbaumelnden Kopfhörer auf. Am Anfang war es mir ein bisschen peinlich, weil sie immer Volksmusik hören wollte und manchmal sogar Opern. Ich hatte Angst, dass Kinder aus meiner Klasse vorbeikommen und mich mit meiner Oma in der Volksmusikabteilung sehen könnten, also setzte ich mich immer ganz weit weg, dahin, wo man Michael Jackson hören konnte, und sah ihr von Weitem zu. Der enzianblaue Hut lag vor ihr auf dem Verkaufstisch. Ihre Füße reichten nicht bis zum Boden, sie baumelten im Takt; die Augen hielt sie geschlossen. Sie hatte einen Lieblingsverkäufer, einen jungen Südländer mit tiefbraun glimmenden Augen, der ihr jeden Musikwunsch mit strahlendem Lächeln erfüllte. „Ein schöner junger Mann", sagte sie auf dem Rückweg zu mir. „Und wie der sich auskennt. Aber für mich ist er zu jung und für dich ist er zu alt."

Später war es mir überhaupt nicht mehr peinlich, obwohl ich ihr die Musik dann manchmal sogar selber aussuchen musste und ihr den Kopfhörer überziehen und aufpassen, dass sie ihren Hut nicht liegen ließ. Manchmal vergaß sie dann auch, dass ihr der südländische Verkäufer zu jung war, und sie sah ihm verliebt in die Augen, während er die neueste Aufnahme der Oper Aida auflegte. Der Verkäufer war sehr nett zu ihr, auch als sie sich schon den Kopfhörer nicht mehr alleine auf- und absetzen konnte. Er war einer von denen, die bis zum Schluss nett zu ihr waren und zu mir auch, und als ich dann nur noch alleine in die Musikabteilung kam, fragte er mich jedes Mal, wie es denn meiner Oma ging. Ich fand eigentlich gar nicht, dass er zu alt für mich war. Ein paarmal richtete ich ihr seine Grüße aus, bis ich begriff, dass sie sich gar nicht mehr an ihn erinnerte.

2 *Erläutere die Bedeutung der Zitate im Textzusammenhang.*

a) *Was meint die Oma mit der Aussage: „Ich will doch auch was haben für mein Geld!" (Zeilen 6–7)*

b) *Erkläre die Bedeutung des letzten Satzes: „ Ein paarmal ... an ihn erinnerte." (Zeilen 46–48)*

3 *Das Verhalten des Verkäufers ist sehr wichtig für Manon und für ihre Oma. Zitiere eine Textstelle (Zeilenangabe), die dies zeigt.*

Unterschiedliche Textsorten bearbeiten

1 Sachtexte und einen Gesetzestext untersuchen

TIPP

In der Prüfung wird der Haupttext durch zusätzliche Textformen ergänzt, die zum Thema passen. Bei bestimmten Schreibaufgaben musst du Informationen aus diesen Zusatztexten einarbeiten.

1 *Verschaffe dir einen Überblick über die Texte und Abbildungen. Um welches Thema geht es in allen Materialien?*

M 1 Reportage: *Bin 10, suche Arbeit*

Sie gehen für andere einkaufen, tragen Zeitungen aus, helfen beim Bauern oder als Bedienung: arbeitende Kinder in Deutschland, die ihr Taschengeld aufbessern, den Familienetat entlasten oder ihr Selbstbewusstsein stärken wollen. Viele von ihnen sind noch keine 13 Jahre alt und damit illegal beschäftigt, denn Kinderarbeit ist in Deutschland verboten. Doch vermehrt beklagen sich Kinder darüber, dass man sie nicht arbeiten lässt.

„Bin 10, suche Arbeit" heißt der Beitrag der TV-Reihe „37 Grad", in dem Silvia Kaiser zeigt, warum Kinder wollen, dass das Arbeitsverbot für sie gelockert wird. Die zwölfjährige Alexandra erledigt für Nachbarn Besorgungen. Das Geld, das sie dafür bekommt, kann sie gut gebrauchen. Ihre Mutter hat es schwer, mit drei Kindern und einem geringen Lohn über die Runden zu kommen. Florian ist ein fröhlicher Junge, dem die Arbeit auf dem Bauernhof großen Spaß macht. Das Geld, das er dafür bekommt, ist ein schöner Nebeneffekt. Die zwölf Jahre alte Frauke geht nachmittags oft kellnern. Das gibt der Gymnasiastin aus gut situiertem Elternhaus ein Gefühl von Selbstständigkeit. Auch Aida möchte arbeiten. Sie ist zehn, langweilt sich, ist viel allein auf dem Spielplatz und zu Hause. Ihre von einem Kamerateam begleitete Jobsuche bleibt aber erfolglos. Die Geschäftsinhaber fragen nach ihrem Alter und lehnen ab. Dass das aber nicht immer so ist, wissen die Behörden und setzen bereits Kontrolleure ein, die nach arbeitenden Kindern suchen.

Studien belegen eindeutig, dass Kinderarbeit in Deutschland nicht nur existiert, sondern beinahe als Massenphänomen bezeichnet werden kann. Bei den 12- bis 16-jährigen Jugendlichen hat bereits die Hälfte der Befragten neben der Schule gearbeitet. Davon wiederum ging mehr als die Hälfte gegen Bezahlung einer Arbeit nach, die nach dem Jugendarbeitsschutzgesetz verboten ist. [...]

In Zeiten zunehmender Kinderarmut besteht die Gefahr, dass Familien auf das Einkommen der Kinder zur Bestreitung des Lebensunterhaltes angewiesen sind und entsprechender Druck ausgeübt wird.

M 2 Aus dem Gesetz zum Schutz der arbeitenden Jugend (Jugendarbeitsschutzgesetz – JArbSchG) vom 12. 04. 1976, zuletzt geändert am 03. 03. 2016

§ 2 Kind, Jugendlicher
(1) Kind im Sinne dieses Gesetzes ist, wer noch nicht 15 Jahre alt ist.

§ 5 Verbot der Beschäftigung von Kindern
(1) Die Beschäftigung von Kindern (§ 2 Abs. 1) ist verboten. [...]
(3) Das Verbot des Absatzes 1 gilt ferner nicht für die Beschäftigung von Kindern über 13 Jahre mit Einwilligung des Personensorgeberechtigten, soweit die Beschäftigung leicht und für Kinder geeignet ist. [...] Die Kinder dürfen nicht mehr als zwei Stunden täglich, in landwirtschaftlichen Familienbetrieben nicht mehr als drei Stunden täglich, nicht zwischen 18 und 8 Uhr, nicht vor dem Schulunterricht und nicht während des Schulunterrichts beschäftigt werden.
(4) Das Verbot des Absatzes 1 gilt ferner nicht für die Beschäftigung von Jugendlichen während der Schulferien für höchstens vier Wochen im Kalenderjahr. [...]

M 3 Kinderarbeit – gestern und heute *Text in einer Schülerzeitung*

Kinderarbeit ist heute immer wieder ein Thema. Meist geht es um Kinder in anderen Ländern. In vielen Ländern Afrikas, Asiens und Lateinamerikas verdienen Kinder ganz selbstverständlich mit, um den Lebensunterhalt der Familie zu verdienen. Auch in Europa kann das vorkommen. Eigentlich ist Kinderarbeit verboten. Weltweit. Es gibt Kinderrechte, die für alle Kinder auf der Welt gelten sollten. Doch die Kinderarbeit gibt es trotzdem. Kinder arbeiten im Verkauf, auf dem Feld oder in der Fabrik.

Auch in Deutschland war Kinderarbeit mal üblich, und zwar im 19. Jahrhundert. Der Begriff „kinderleicht" kommt daher, dass dieser Arbeiten bezeichnete, die nicht so schwer waren wie die Arbeit von Erwachsenen. Das weiß heute fast niemand mehr.

Die Kinder mussten sehr lange arbeiten, bis zu zwölf Stunden und mehr am Tag. Und zwar die ganze Woche und der Samstag war damals noch ein normaler Arbeitstag. Gefährlich war die Arbeit oftmals auch. Kinder wurden für Arbeiten eingesetzt, für die sie aufgrund ihrer Körpergröße gut geeignet waren, z.B. mussten sie unter Maschinen kriechen, um sie dort zu bedienen oder um etwas zu reparieren. An den Arbeitsplätzen der Kinder war oft schlechte Luft und großer Lärm von Maschinen. Die Gesundheit der Kinder war gefährdet, manche starben bei Unfällen. Die Eltern ließen sie diese Arbeit tun, weil die Familie zu wenig Geld hatte und ums Überleben kämpfte.

Bei uns gibt es heute auch „Kinderarbeit". Es besteht also sehr wohl die Möglichkeit, das Taschengeld aufzubessern, entweder während der Schulzeit oder als Ferienjob (z. B. durch Einräumen von Regalen im Supermarkt). Diese Arbeit ist vom Gesetz geregelt, man darf dies erst ab einem bestimmten Alter und auch nur eine bestimmte Stundenzahl. Die Kinder bzw. Jugendlichen entscheiden aber selbst, ob sie arbeiten möchten. Die Kinder in den armen Ländern haben keine Wahl.

2 *In welchen Texten findest du sinngemäß die folgenden Informationen?*

a) *Gib die Texte an (M1, M2, M3).*

b) *Markiere in den Texten die dazu passenden Textstellen.*

- ____ Es gibt viele Kinder, die arbeiten wollen.
- ____ Kinderarbeit ist in Deutschland illegal.
- ____ Das Jugendarbeitsschutzgesetz wird nicht immer eingehalten.
- ____ Kinderarbeit war früher in Deutschland ganz normal.
- ____ Ferienjobs und leichte Tätigkeiten sind erlaubt.
- ____ Kinderarbeit ist wichtig für Familien mit geringem Einkommen.
- ____ Manche Kinder arbeiten nicht freiwillig.

3 *Notiere stichpunktartig Informationen aus den Texten zu den folgenden Schwerpunkten. Gib an, auf welche Texte du dich beziehst (M1 bis M3).*

Schwerpunkt	Information	Quellen
Arbeiten, die Kinder bei uns oft ausüben		
Beispiele für verbotene Arbeiten		
Gründe, weshalb Kinder arbeiten wollen		

4 *Max ist 14 Jahre alt und möchte etwas dazuverdienen. Was könnte er tun? Begründe deinen Vorschlag mithilfe des Jugendarbeitsschutzgesetzes (M2).*

5 *Vergleiche die Aussagen des Jugendarbeitsschutzgesetzes (M2) mit den Bedingungen im 19. Jahrhundert (M3). Notiere das Wichtigste in Stichpunkten.*

	Heute	Im 19. Jahrhundert
Altersgrenzen		
Arbeitszeiten		

6 *Kinderarbeit in Deutschland ist nicht dasselbe wie Kinderarbeit in anderen Ländern. Stelle Merkmale in Form einer Mindmap, eines Clusters oder einer Tabelle gegenüber. Arbeite in deinem Heft.*

2 Eine Kurzgeschichte untersuchen (1)

TIPP

Literarische Texte in der Prüfung sind meist Jugendbuchauszüge oder Kurzgeschichten. Ergänzend kann eine Abbildung (Karikatur) beigefügt sein oder eine andere Textsorte (Songtext, Gedicht) mit Themenbezug.

1 *Lies den Text „mit dem Bleistift“.*

Nie mehr *Susanne Kilian*

Marion sitzt direkt unter dem Fenster an ihrem Tisch und macht Hausaufgaben. Es ist so die Zeit. Nach dem Mittagessen, ab zwei bis ungefähr vier, halb fünf, je nachdem. Manchmal guckt Marion durchs Fenster in den trüben, grauen Oktobernachmittag. Und ab drei Uhr guckt sie immer öfter hoch, rüber zu dem Balkon vom Altersheim. Der liegt genau in ihrem Blickfeld. Die bunten Blumenkästen haben sie längst reingebracht. Der Balkon ist leer und glänzt dunkel vor Feuchtigkeit.

Das ist jetzt schon der zweite Tag, an dem sie nicht kommt. Sie – das ist die alte Frau aus dem Heim drüben. Marion nennt sie heimlich für sich „die Vogelalte“. Jeden Nachmittag im Herbst und Winter füttert sie die Vögel. Das läuft Tag für Tag gleich ab: Irgendwann zwischen drei und vier, immer zwischen drei und vier, nie früher und nie später, geht drüben die Balkontür auf. Eine dicke, alte Frau, auf zwei Stöcke gestützt – sie hat jedes Mal Schwierigkeiten, entweder mit den Stöcken oder mit der Türklinke – watschelt auf den Balkon. An ihrem unförmigen, dicken Körper hängen, krumm und nach innen gebogen, die Beine, als würden sie sich biegen unter dem Gewicht. Watscheln ist eigentlich ein lustiges Wort, aber Marion fällt kein anderes ein, das so genau den Gang der Frau beschreiben könnte. Aber es sieht nicht lustig aus, wie sie geht. Kein bisschen. Eher sehr beschwerlich.

Zuerst läuft die Frau auf dem Balkon hin und her. Langsam. Ganz langsam. Wie das Pendel einer riesigen Uhr. Hin-tick, nach links, her-tack, nach rechts. Nach einer Weile bleibt sie stehen. Direkt am Geländer. Sie hangt ihre beiden Stöcke daran und stützt sich darauf, hält sich fest und lässt sich vor-, zurück-, vor-, zurückschaukeln. Dann lehnt sie nur noch vorn mit dem Bauch gegen das Geländer, lässt es los und kramt mit den Händen in ihren Manteltaschen. Marion hat sie noch nie in einem anderen Mantel gesehen. Schwarz, oben ein kleiner Pelzkragen, mit drei riesigen, glänzenden Knöpfen zugeknöpft. Und so altmodisch! Und nie hat Marion sie etwas anderes aus der Tasche rausholen sehen als die rote Plastiktüte. Sachte wird sie aufgewickelt. Ein Stück Brot kommt zum Vorschein. Stückchen für Stückchen wird es mit zittrigen, runzligen Händen zerkrümelt und fliegt in eine aufgeregt flatternde, nickende, pickende Vogelversammlung. Tauben und Spatzen zanken sich um das Brot. Und die Alte hört mittendrin auf und schaut ihnen zu. Dann verteilt sie sehr langsam und bedächtig die letzten Krümel. Das rote Plastiksäckchen wird zurückgesteckt. Jetzt läuft alles wieder genauso ab wie vorher, nur so, als liefe nun der Film rückwärts: Die Alte steckt den Beutel ein. Schaukelt vor, zurück am Geländer. Nimmt die Stöcke wieder. Läuft hin, her, hin. Und geht vom Balkon, wobei sie wieder Schwierigkeiten mit der Tür hat.

Und heute ist sie nicht da. Marion schaut nicht jeden Tag so genau nach ihr. Bloß wenn sie Langeweile hat, guckt sie ihr die ganze Zeit zu. Dann überlegt sie, ob die Frau wohl Kinder hat. Und wie viele? Wo die wohl wohnen? Ob sie überhaupt verheiratet war? Sicher war sie früher mal nicht so dick. Und vielleicht ein sehr schönes junges Mädchen. Bestimmt war sie mal so alt wie Marion. Und ein winziges Baby war sie auch mal. Jetzt ist sie dick und alt und ganz allein da auf dem Balkon. Marion kann sich richtig vorstellen, wie sie beim Frühstück ihr Brot in das Plastiksäckchen schiebt. Bestimmt verstohlen und heimlich. Und wahrscheinlich lächelt sie ein bisschen dabei, weil sie daran denkt, wie sich am Nachmittag die Vögel drum streiten werden. Vielleicht ist die bloß krank? In einer Woche oder zwei, drei Wochen – bei alten Leuten dauert das ja immer länger, denkt Marion – da wird sie wieder drüben stehen. Aber vier Wochen vergehen, sechs, acht. Früher hat Marion nicht jeden Tag auf die Frau gewartet. Sie hat einfach nur gesehen, wie sie drüben stand, so, wie sie einen Bus oder einen Zug sehen würde, der an einem bestimmten Ort zu einer bestimmten Zeit täglich eine Stunde steht.

Jetzt wartet Marion. Die Alte fehlt ihr. Sie hatte sich an ihren Anblick, an ihr Dasein gewöhnt. Und die Alte hatte zu ihrer Umgebung gehört, ohne dass sie es richtig gemerkt hatte.

Nach einem Vierteljahr wartete Marion nicht mehr. Die Frau war nicht krank gewesen. Sie war gestorben. Hinter den Fensterscheiben drüben im Altersheim hatte Marion schon eine Neue gesehen. Zwischen den anderen, die sie wie die „Vogelalte" nur vom Ansehen kannte. Die Neue fiel durch ihr schneeweißes Haar besonders auf.

Marion würde die „Vogelalte" nie, nie mehr sehen. Da erst fiel ihr ein, dass sie nicht mal wusste, wie die Frau geheißen hat. Keinen Namen wusste sie. Nie hatte sie ein Wort mit ihr gesprochen. Noch nicht mal zugewinkt hatte sie ihr. Dabei war es ihr jetzt, als wäre etwas, was sie sehr lieb hatte, fortgegangen. Sie dachte, die Frau mit den schneeweißen Haaren wird auch sterben. Sie sind alle bis zum Tod da drüben. Keine geht einfach so weg. Und immer kommen andere nach. Es war das erste Mal, dass sie zum Altersheim rüberguckte und so was dachte.

2 *Worum geht es in dem Text? Was passiert? Notiere deine Ideen in deinem Heft in einem Cluster.*

3 a) *Marion beobachtet die „Vogelalte". Notiere stichpunktartig, was sie dadurch über die Frau erfährt.*

b) *Marion vermisst die Frau. Zitiere eine Textstelle, an der man das besonders deutlich merkt.*

4 *Überprüfe, welche Kennzeichen einer Kurzgeschichte (siehe Tabelle) auf den Text zutreffen. Übertrage die Tabelle in dein Heft.*

a) *Markiere entsprechende Textstellen.*

b) *Erkläre mit eigenen Worten, weshalb diese Merkmale auf den Text zutreffen.*

Merkmale einer Kurzgeschichte	Zeilenangabe und Erklärung
keine Einleitung	*Z. 1: Die Geschichte beginnt mittendrin, ohne ...*
offener Schluss	
Alltagssituation	
kurze, auch unvollständige Sätze	
Aufzählungen, Wiederholungen	

3 Einen Jugendbuchauszug untersuchen

1 a) *Achte beim Lesen des Textes darauf, was du über den Ich-Erzähler erfährst.*

Sportunterricht *Wolfgang Herrndorf*

Es gibt ziemlich viele Sachen, die ich nicht kann. Aber wenn ich was kann, dann ist das Hochsprung. Ich meine, ich bin kein olympiamäßiger Crack oder so, aber im Hochsprung und im Weitsprung bin ich fast unschlagbar. Obwohl ich einer der Kleinsten bin, komm ich so hoch wie Olaf, der einen Meter neunzig ist. Im Frühjahr hab ich einen Schulrekord für die Mittelstufe aufgestellt und war wahnsinnig stolz. Wir waren auf der Hochsprunganlage, und die Mädchen saßen nebenan im Gras, wo ihnen Frau Beilcke einen Vortrag gehalten hat. Das ist der Sportunterricht bei denen: Frau Beilcke hält einen Vortrag, und die Mädchen sitzen um sie rum und kratzen sich an den Fußknöcheln. Sie laufen auch nicht dauernd um den Platz wie bei Wolkow.

Wolkow ist unser Sportlehrer, und natürlich hält der auch gern Vorträge. Alle Sportlehrer, die ich bisher hatte, lassen unglaublich viel Text raus. Bei Wolkow ist das montags immer die Bundesliga, dienstags meistens auch noch Bundesliga, mittwochs die Champions League und freitags kommt schon wieder die Vorfreude auf die Bundesliga und die Analyse. Im Sommer kann Wolkow auch mal seine Meinung über die Tour de France äußern, aber das kommt über das Thema Doping dann auch immer schnell zurück zum sehr viel wichtigeren Thema, warum im Fußball schönerweise nicht gedopt wird. Weil es da nämlich nichts nützt. Das ist Wolkows ehrliche Meinung. Und das hat auch noch nie jemanden interessiert, aber das Problem ist: Wolkow redet nur, während wir um den Platz joggen. Er hat eine Wahnsinnskondition, er ist garantiert schon siebzig oder so, zuckelt aber immer frisch vorneweg und quatscht und quatscht. Und dann sagt er immer: „Männer!" Und dann sagt er zehn Meter nichts und dann: „Dortmund." Zehn Meter. „Packt es nicht." Zehn Meter. „Die Heimbilanz. Stimmt's, oder hab ich recht?" Zwanzig Meter. „Und van Gaal, der alte Fuchs! Das wird kein Spaziergang." Param, param. „Eure Meinung?" Hundert Meter. Und natürlich sagt keiner was, weil wir schon zwanzig Kilometer gelaufen sind, und nur Hans, der Nazi, der Fußballtrottel, der schwitzend hinterm Feld herkeucht, brüllt manchmal: „Ha-ho-he! Hertha BSC!" Und dann wird es selbst Wolkow zu viel, Schwafelwolkow, und er dreht eine Extraschleife, damit Hans wieder aufschließen kann, und dann hebt er den Zeigefinger und ruft mit zitternder Stimme: „Simunic! Joe Simunic! Kardinalfehler", und Hans ruft von hinten: „Ich weiß, ich weiß!", und Wolkow zieht das Tempo wieder an und murmelt: „Simunic, mein Gott! Das Bollwerk. Nie verkaufen. Abstieg. Simunic."

Und allein schon deshalb kann man wahnsinnig froh sein über Hochsprung.

b) *Beschreibe die Einstellung des Ich-Erzählers zum Sport mit eigenen Worten in einem kurzen Text.*

2 *Stelle die weiteren im Text vorkommenden Personen mit eigenen Worten kurz vor.*

Frau Beilcke:

Wolkow:

Hans:

3 *Fasse den Text in wenigen Sätzen kurz zusammen.*

4 *Der Autor verwendet Jugendsprache. Zitiere eine Textstelle, an der das besonders deutlich wird.*

5 *Lies die Beschreibung des Buches, aus dem der Auszug stammt. Welche der beiden Hauptpersonen ist deiner Meinung nach der Ich-Erzähler? Begründe deine Ansicht.*

Das erfolgreiche Jugendbuch, das auch verfilmt wurde, handelt von der Freundschaft zwischen zwei Außenseitern: Maik, ein 14-Jähriger, der mit der kaputten Wohlstandswelt seiner Eltern nicht klarkommt, und Tschick, ein russischer Migrant, der sich nicht unbedingt an Regeln hält. Die beiden brechen zu einer abenteuerlichen Fahrt durch die deutsche Provinz auf ...

6 a) *Beschreibe die Karikatur zum Sportunterricht.*

NEULICH AM STUFENBARREN

b) *Was könnte der Sportlehrer sagen? Denke dir einen zum Thema passenden Text für die Sprechblase aus und schreibe ihn auf.*

c) *Stelle einen Zusammenhang zwischen dem Buchauszug und der Karikatur her. Schreibe einen zusammenhängenden Text.*

4 Eine Kurzgeschichte untersuchen (2)

1 *Lies den Text „mit dem Bleistift“.*

Allmorgendlich *Michaela Seul*

Jeden Morgen sah ich sie. Ich glaube, sie fiel mir gleich bei der ersten Fahrt auf. Ich hatte meinen Arbeitsplatz gewechselt und fuhr vom Ersten des Monats an mit dem Bus um 8.11 Uhr.

Es war Winter. Jeden Morgen trug sie den kirschroten Mantel, weiße, pelzbesetzte Stiefel, weiße Handschuhe, und ihr langes, dunkelbraunes, glattes Haar war zu einem ungewöhnlichen, aber langweiligen Knoten aufgesteckt. Jeden Morgen stieg sie um 8.15 Uhr zu und ging mit hocherhobenem Kopf auf ihren Stammplatz, vorletzte Reihe rechts, zu.

Das Wort mürrisch passte gut zu ihr. Sie war mir sofort unsympathisch. So geht es mir oft: Ich sehe fremde Menschen, wechsle kein Wort mit ihnen und fühle Ablehnung und Ärger bei ihrem bloßen Anblick. Ich wusste nicht, was mich an ihr so störte, denn ich fand sie nicht schön: Es war also kein Neid.

Sie stieg zu, setzte sich auf ihren seltsamerweise immer freien Platz, holte die Zeitung aus ihrer schwarzen Tasche und begann zu lesen. Jeden Morgen ab Seite drei. Nach der dritten Station griff sie erneut in die Tasche und holte – ohne den Blick von der Zeitung zu wenden – zwei belegte Brote hervor. Einmal mit Salami und einmal mit Mettwurst. Lesend aß sie. Sie schmatzte nicht, und trotzdem erfüllte mich ihr essender Anblick mit Ekel. Die Brote waren in einem Klarsichtbeutel aufbewahrt, und ich fragte mich oft, ob sie täglich einen neuen Beutel benutzte oder denselben mehrmals verwendete.

Ich beobachtete sie ungefähr zwei Wochen, als sie mir gegenüber das erste Mal ihre mürrische Gleichgültigkeit aufgab. Sie musterte mich prüfend. Ich wich ihr nicht aus. Unsere Feindschaft war besiegelt. Am nächsten Morgen setzte ich mich auf ihren Stammplatz. Sie ließ sich nichts anmerken, begann wie immer zu lesen. Die Stullen packte sie allerdings erst nach der sechsten Station aus.

Jeden Morgen vergrämte sie mir den Tag. Gierig starrte ich zu ihr hinüber, saugte jede ihrer mich persönlich beleidigenden, sich Tag für Tag wiederholenden Hantierungen auf, ärgerte mich, weil ich vor ihr aussteigen musste und sie in den Vorteil der Kenntnis meines Arbeitsplatzes brachte.

Erst als sie einige Tage nicht im Bus saß und mich dies beunruhigte, erkannte ich die Notwendigkeit des allmorgendlichen Übels. Ich war erleichtert, als sie wieder erschien, ärgerte mich doppelt über sie, den Haarknoten, der ungewöhnlich und trotzdem langweilig war, den kirschroten Mantel, das griesgrämige Gesicht, die Salami, die Mettwurst und die Zeitung.

Es kam so weit, dass sie mir nicht nur während der Busfahrten gegenwärtig war, ich nahm sie mit nach Hause, erzählte meinen Bekannten von ihrem unmäßigen Schmatzen, dem Körpergeruch, der großporigen Haut, dem abstoßenden Gesicht. Herrlich war es mir, mich in meine Wut hineinzusteigern; ich fand immer neue Gründe, warum ihre bloße Gegenwart mich belästigte.

Wurde ich belächelt, beschrieb ich ihre knarzende Stimme, die ich nie gehört hatte, ärgerte mich, weil sie die primitivste Boulevardzeitung las und so fort.

Man riet mir, einen Bus früher, also um 8.01 Uhr zu fahren, doch das hätte zehn Minuten weniger Schlaf bedeutet. Sie würde mich nicht um meinen wohlverdienten Schlaf bringen!

Vorgestern übernachtete meine Freundin Beate bei mir. Zusammen gingen wir zum Bus.

SIE stieg wie immer um 8.15 Uhr zu und setzte sich auf ihren Platz. Beate, der ich nie von IHR erzählt hatte, lachte plötzlich, zupfte mich am Ärmel und flüsterte: „Schau mal, die mit dem roten Mantel, die jetzt das Brot isst, also ich kann mir nicht helfen, aber die erinnert mich unheimlich an dich. Wie sie isst und sitzt und wie sie schaut.“

2 *Beantworte folgende Fragen in ganzen Sätzen.*

- Warum setzt sich die Erzählerin auf den Stammplatz der Fremden?
- Wie reagiert die Erzählerin, als die Fremde eines Tages nicht im Bus sitzt?
- Wie reagieren die Bekannten der Erzählerin, als sie ihnen von der lästigen Mitfahrerin erzählt?

3 **a)** *Zitiere zwei Textstellen, die zeigen, dass die Ich-Erzählerin von Anfang an eine Abneigung gegen die Fremde hat.*

Textstelle 1:

Textstelle 2:

b) *Die Ich-Erzählerin steigert sich in ihre Abneigung hinein. Wie äußert sich das?*

4 *Im Text kommen folgende Wendungen vor:*

1 „Unsere Feindschaft war besiegelt." (Zeilen 36–37)
2 „ich nahm sie mit nach Hause" (Zeilen 58–59)
3 „ […] erkannte ich die Notwendigkeit des allmorgendlichen Übels." (Zeilen 50–51)

Erkläre jede Wendung mit eigenen Worten. Schreibe kurze Sätze.

5 *Fasse den Inhalt der Geschichte kurz zusammen. Schreibe in dein Heft.*

5 Eine Satire untersuchen

Satire

Satire übertreibt und verspottet, kritisiert Verhaltensweisen oder Zustände. Die Verfasserin/Der Verfasser deckt oft menschliche Schwächen auf und macht auf gesellschaftliche Probleme aufmerksam.

1 *Markiere beim Lesen die Namen der vorkommenden Personen.*

Nicht alles gefallen lassen *Gerhard Zwerenz*

Wir wohnten im dritten Stock mitten in der Stadt und haben uns nie etwas zuschulden kommen lassen, auch mit Dörfelts von gegenüber verband uns eine jahrelange Freundschaft, bis die Frau sich kurz vor dem Fest unsere Bratpfanne auslieh und nicht zurückbrachte.

Als meine Mutter dreimal vergeblich gemahnt hatte, riss ihr eines Tages die Geduld, und sie sagte auf der Treppe zu Frau Muschg, die im vierten Stock wohnt, Frau Dörfelt sei eine Schlampe.

Irgendwer muss das den Dörfelts hinterbracht haben, denn am nächsten Tag überfielen Klaus und Achim unsern Jüngsten, den Hans, und prügelten ihn windelweich.

Ich stand grad im Hausflur, als Hans ankam und heulte. In diesem Moment trat Frau Dörfelt drüben aus der Haustür, ich lief über die Straße, packte ihre Einkaufstasche und stülpte sie ihr über den Kopf. Sie schrie aufgeregt um Hilfe, als sei sonst was los, dabei drückten sie nur die Glasscherben etwas auf den Kopf, weil sie ein paar Milchflaschen in der Tasche gehabt hatte.

Vielleicht wäre die Sache noch gut ausgegangen, aber es war just um die Mittagszeit, und da kam Herr Dörfelt mit dem Wagen angefahren.

Ich zog mich sofort zurück, doch Elli, meine Schwester, die mittags zum Essen heimkommt, fiel Herrn Dörfelt in die Hände. Er schlug ihr ins Gesicht und zerriss dabei ihren Rock. Das Geschrei lockte unsere Mutter ans Fenster, und als sie sah, wie Herr Dörfelt mit Elli umging, warf unsere Mutter mit Blumentöpfen nach ihm. Von Stund an herrschte erbitterte Feindschaft zwischen den Familien.

2 *Notiere in der Tabelle stichpunktartig, was passiert.*

Wer?	Macht was?	Mit welchen Folgen?
Frau Dörfelt	gibt Bratfanne nicht zurück	Mutter nennt sie Schlampe

3 *„Das ist ein typischer Nachbarschaftskonflikt.“ „So etwas kommt im Alltag nicht vor.“*
Welcher Ansicht stimmst du zu? Begründe deine Entscheidung.

4 *Lies die Fortsetzung des Textes.*

a) *Ab welcher Stelle wird die Handlung unglaubwürdig?* *Zeile* ______

b) *Ab welcher Stelle wird klar, dass das Ganze unmöglich ist?* *Zeile* ______

Weil wir nun Dörfelts nicht über den Weg trauen, installierte Herbert, mein ältester Bruder, der bei einem Optiker in die Lehre geht, ein Scherenfernrohr am Küchenfenster.

Da konnte unsere Mutter, waren wir andern alle unterwegs, die Dörfelts beobachten.

Augenscheinlich verfügten diese über ein ähnliches Instrument, denn eines Tages schossen sie von drüben mit einem Luftgewehr herüber. Ich erledigte das feindliche Fernrohr dafür mit einer Kleinkaliberbüchse. An diesem Abend ging unser Volkswagen unten im Hof in die Luft.

Unser Vater, der als Oberkellner im hochrenommierten Café Imperial arbeitete, nicht schlecht verdiente und immer für den Ausgleich eintrat, meinte, wir sollten uns jetzt an die Polizei wenden.

Aber unserer Mutter passte das nicht, denn Frau Dörfelt verbreitete in der ganzen Straße, wir, das heißt, unsere gesamte Familie, seien derart schmutzig, dass wir mindestens zweimal jede Woche badeten und für das hohe Wassergeld, das die Mieter zu gleichen Teilen zahlen müssen, verantwortlich wären.

Wir beschlossen also, den Kampf aus eigener Kraft in aller Härte aufzunehmen. Auch konnten wir nicht mehr zurück, verfolgte doch die gesamte Nachbarschaft gebannt den Fortgang des Streites.

Am nächsten Morgen schon wurde die Straße durch ein mörderisches Geschrei geweckt.

Wir lachten uns halbtot, Herr Dörfelt, der früh als Erster das Haus verließ, war in eine tiefe Grube gefallen, die sich vor der Haustür erstreckte.

Er zappelte ganz schön in dem Stacheldraht, den wir gezogen hatten; nur mit dem linken Bein zappelte er nicht, das hielt er fein still, das hatte er sich gebrochen.

Bei alledem konnte der Mann noch von Glück sagen, denn für den Fall, dass er die Grube bemerkt und umgangen hätte, war der Zünder einer Plastikbombe mit dem Anlasser seines Wagens verbunden. Damit ging kurze Zeit später Klunker Paul, ein Untermieter von Dörfelts, hoch, der den Arzt holen wollte.

Es ist bekannt, dass die Dörfelts leicht übel nehmen. So gegen zehn Uhr begannen sie unsere Hausfront mit einem Flakgeschütz zu bestreichen. Sie mussten sich erst einschießen, und die Einschläge befanden sich nicht alle in der Nähe unserer Fenster.

Das konnte uns nur recht sein, denn jetzt fühlten sich auch die anderen Hausbewohner geärgert, und Herr Lehmann, der Hausbesitzer, begann um den Putz zu fürchten. Eine Weile sah er sich die Sache an, als aber zwei Granaten in seiner Stube krepierten, wurde er nervös und übergab uns den Schlüssel zum Boden.

Wir robbten sofort hinauf und rissen die Tarnung von der Atomkanone.

Es lief alles wie am Schnürchen, wir hatten den Einsatz oft genug geübt. Die werden sich jetzt ganz schön wundern, triumphierte unsere Mutter und kniff als Richtkanonier das rechte Auge fachmännisch zusammen.

Als wir das Rohr genau auf Dörfelts Küche eingestellt hatten, sah ich drüben gegenüber im Bodenfenster ein gleiches Rohr blinzeln, das hatte freilich keine Chance mehr, Elli, unsere Schwester, die den Verlust ihres Rockes nicht verschmerzen konnte, hatte zornroten Gesichts das Kommando „Feuer!“ erteilt.

Mit einem unvergesslichen Fauchen verließ die Atomgranate das Rohr, zugleich fauchte es auch auf der Gegenseite. Die beiden Geschosse trafen sich genau in der Straßenmitte.

Natürlich sind wir nun alle tot, die Straße ist hin, und wo unsere Stadt früher stand, breitet sich jetzt ein graubrauner Fleck aus.

Aber eins muss man sagen, wir haben das Unsere getan, schließlich kann man sich nicht alles gefallen lassen. Die Nachbarn tanzen einem sonst auf der Nase herum.

5 *Es handelt sich um einen satirischen Text. Woran kannst du das erkennen? Nenne Beispiele.*

TIPP

Lies noch einmal im Merkkasten auf S. 70 nach.

6 **a)** *Obwohl das Geschehen nicht ganz ernst gemeint ist, steckt dahinter ein reales Problem. Beschreibe dieses Problem mit eigenen Worten.*

b) *Warum hat der Autor deiner Meinung nach diese Überschrift gewählt?*

5. Übungen zum Prüfungsteil D: Schreiben

Weiterführende Schreibaufgaben zu literarischen Texten

1 Sich in eine Person hineinversetzen

Gedanken und Gefühle einer literarischen Person schildern

Bei literarischen Texten ist es wichtig, sich in die Situation und in die Personen hineinzuversetzen. Bei den textbezogenen Schreibaufgaben musst du meist **Gedanken und Gefühle einer literarischen Person** anschaulich und lebensnah schildern.

1 *Lies den Text „mit dem Bleistift".*

Das Vorstellungsgespräch

Die Personalabteilung war im 15. Stock. Er hatte sich vor Tagen erst schriftlich beworben und wurde umgehend zu einem persönlichen Gespräch hierher eingeladen. Seine erste persönliche Vorstellung! Dieser Erfolg machte ihn stolz, denn er war unter vielen Bewerbern ausgesucht worden. Sein Rücken straffte sich: Endlich hatte sich das viele Lernen gelohnt, das sonntägliche Büffeln und die versäumten Fußballspiele. Nun saß er hier, in seinen Händen die Mappe mit den wirklich guten Zeugnissen.

Das Büro der Personalchefin war ein großer, lichtdurchfluteter Raum. Die großflächigen Fenster boten einen grandiosen Ausblick auf die Stadt. Dicker Teppichboden dämpfte die Schritte, das großformatige Bild an der Wand strahlte in warmen Farben. Der ganze Raum wirkte freundlich und einladend. Über allem schwebte ein zarter, angenehmer Duft. Die Personalchefin hatte ihn freundlich begrüßt. Sie trug ein hellgraues Kostüm, um den Hals ein seidenes Tuch in Blautönen, klassisch und elegant. Für einen Moment dachte er an seine Mutter, die in der Nacht solche Büros putzte. Sie würde nie so ein Kostüm tragen. Er nahm sich vor, ihr vom ersten Geld etwas zu kaufen – vielleicht ein Parfüm oder ein schickes Tuch?

Die Personalchefin blätterte in seinen Zeugniskopien. Ihre Hände waren gepflegt, die Fingernägel lang und hell lackiert. Die Hände seiner Mutter waren von den Putzmitteln oft rau und rissig, ihre Fingernägel sehr kurz geschnitten.

Er genoss die Atmosphäre des Zimmers und die elegante Erscheinung der Personalchefin und wartete darauf, dass sie das Gespräch beginnen würde: Warum wollen Sie gerade in unserem Unternehmen arbeiten? Wann können Sie mit der Arbeit beginnen?

Er freute sich schon darauf, in einer solchen Umgebung zu arbeiten, in der alles hell, freundlich aussah und zusammenpasste.

2 **a)** *Notiere nach dem ersten Lesen des Textes:*

Personen: ______________________

Ort: ______________________

Situation: ______________________

b) *Markiere die Adjektive, mit welchen der Raum beschrieben wird.*

c) *Notiere stichpunktartig, welchen Eindruck der Bewerber von der Personalchefin hat.*

____

____

____

d) *Beschreibe die Gefühle und die Erwartungen des Jungen.*

3 *Der Junge ruft in einer Pause seinen Freund an und erzählt ihm von diesem Vorstellungsgespräch. Versetze dich in die Situation des Jungen und schildere seine Gedanken und Gefühle in der Ich-Form.*

TIPP

Schreibe nicht den ganzen Textausschnitt um! Achte aber auf die Stimmung der Person und auf die Atmosphäre im Text.

Du weißt doch, dass ich heute das Vorstellungsgespräch habe. Jetzt ist gerade Pause ...

4 *Der Bewerber wird – ganz anders als anfangs erwartet – nicht eingestellt:*

Die Personalchefin blätterte immer noch in seinen Bewerbungsunterlagen. Dann sagte sie: „Es tut uns wirklich leid." Die Freundlichkeit, die sie gerade noch ausgestrahlt hatte, war verschwunden. Oder er konnte sie nicht mehr in ihrem Gesicht entdecken.

„Aber Sie hatten doch geschrieben, dass ..." Er unterbrach sich selbst und blickte zu Boden, suchte nach Worten. Es entstand eine kleine Pause. Er holte tief Luft, denn er hatte endlich verstanden: Sein persönlicher Eindruck hatte nicht gereicht. Er passte nicht zum Unternehmen, zu den Mitarbeitern.

Sie erhob sich und streckte ihm die Hand entgegen: „Auf Wiedersehen. Vielen Dank, dass Sie sich herbemüht haben."

„Ja ... dann ... danke. Auf Wiedersehen!", stammelte er. Das Gespräch war beendet. Er ging an der großen Fensterfront entlang zur Tür, ohne noch einmal auf die Stadt zu schauen.

a) *Markiere eine Textstelle, die zeigt, dass der Junge sehr enttäuscht ist.*

b) *Der Junge möchte seine wirklichen Gefühle nicht zeigen. Welche Gedanken könnten ihm in dieser Situation durch den Kopf gehen? Schreibe sie in der Ich-Form auf.*

5 *Die Karikatur zeigt ein Problem im Vorstellungsgespräch.*
Stelle einen möglichen Zusammenhang zwischen dem Text und der Abbildung her.

2 Texte ergänzen oder verändern

1 *Im folgenden Romanausschnitt beschreibt die Hauptperson, die 13-jährige Nele, eine Situation zwischen ihren Eltern und ihrem 16-jährigen Bruder Sascha. Lies den Text.*

Und was mach ich? *Gudrun Pausewang*

Sascha muss eine wahnsinnige Wut auf Vati gehabt haben. Das kann ich gut verstehen. Jedenfalls dachte er sich was aus, was Vati in Weißglut bringen musste. Er, der Azubi eines Friseurs, ließ sich das Kopfhaar wachsen.

Das war ja an sich noch nicht schlimm gewesen. Es gibt viele Männer, die das Haar lang wachsen lassen und es dann im Nacken zusammenbinden. Aber er ließ es wachsen, wie es wollte, schnitt es nicht ab und band es nicht einmal. Er legte alles drauf an, so schnell wie möglich wie ein Alm-Ötzi auszusehen.

Ich hörte Mutti beim Frühstück sagen: „Mein Gott, Sascha – wie siehst du aus! Wann hast du dir das letzte Mal das Haar gewaschen? Und du solltest es auch mal wieder schneiden lassen!“

Sascha antwortete nicht. Er tat einfach so, als habe er nichts gehört. Vati holte tief Luft und sagte ruhig: „Deine Mutter hat etwas zu dir gesagt. Willst du ihr nicht antworten?“ Sascha schwieg.

„Hat sich dein Chef zu deinem Haarzustand noch nicht geäußert?“, fragte Mutti.

„Doch“, sagte Sascha. „Und?“, fragte Vati gespannt und reckte den Hals.

„Was und?“, fragte Sascha und biss in ein Brötchen.

„Was hat er gesagt?“, fragten Vati und Mutti gleichzeitig.

„Das Gleiche wie Mutti.“

„Und?“, rief Vati. Seine Erregung war nicht mehr zu überhören.

„Und was?“, fragte Sascha nach einer quälenden Pause.

„Lass uns doch nicht um jedes Wort betteln, Junge! Was wirst du tun?“

„Nichts“, sagte Sascha.

„Hab ich mich verhört?“, empörte sich Vati.

„Er kann mir nicht vorschreiben, welche Frisur ich zu tragen habe.“

Vati versuchte seine Emotionen in den Griff zu kriegen, wie Mutti das oft ausdrückt. Er lehnte sich zurück und starrte an die Decke, während er sprach.

„Das könnte man gelten lassen, wenn du Schreiner-, Schornsteinfeger- oder Maurerlehrling wärst. Mit solchen Berufen haben die Haare nichts zu tun. Aber du, Sascha, wirst Friseur. Du hast deinen Beruf sozusagen an dir selbst zu repräsentieren!“ Sascha kaute und schwieg.

Ich warf einen Blick auf Vati und dachte mit angehaltenem Atem: Gleich explodiert er.

„Sprich!“, donnerte ihn Vati an. [...]

2 *Warum kommt es in der Familie zum Konflikt? Fasse die Situation in ein bis zwei Sätzen zusammen.*

3 *Das Streitgespräch ist an dieser Stelle nicht zu Ende. Wie könnte sich die Situation weiterentwickeln? Schreibe eine Fortsetzung.*

TIPP
Achte auf den Sprachstil und auf die Erzählperspektive. Verwende wörtliche Rede.

4 *Lies, wie die Geschichte weitergeht.*

Ich werde niemals das Abendessen vergessen, zu dem Vati in höchster Erregung erschien. Mutti kam kurz nach ihm heim.

„Heute hat er angerufen“, flüsterte Vati Mutti zu.

Sie starrte ihn erschrocken an: „Hat er? Und? Was hat er gesagt?“

„Wir sollen ihn uns mal vorknöpfen. Zur Vernunft bringen.“

„Ach du mein Gott“, seufzte Mutti. „Als ob wir das nicht schon getan hätten!“

Kaum ließ Sascha sich sehen, fauchte ihn Vati an: „Dein Chef hat mich angerufen!“

„Aha“, sagte Sascha. Sonst nichts. Einfach nur „Aha“.

Ich strahlte ihn an, fand ihn toll. Am liebsten hätte ich ihn umarmt.

„Ist das alles, was du dazu zu sagen hast?“, fragte Vati mit bebender Stimme.

„Ja“, sagte Sascha und biss in eine Gurke, dass es knackte.

5 *Nele findet ihren Bruder cool. Da Sascha nach dem Streit nicht ansprechbar ist, schreibt sie ihm. Schreibe einen Brief aus Neles Sicht, in dem sie ihrem Bruder sagt, was sie über die ganze Sache denkt.*

TIPP
Beziehe in deine Überlegungen auch den Titel des Textes ein.

6 **a)** *Lies weiter, wie das Gespräch endet.*

Vati wurde feierlich: „Dein Chef sagt, privat kannst du mit deinem Haar tun, was du willst. Aber als angehender Friseur bist du verpflichtet, eine Frisur zu tragen. Was du trägst, ist nur Gewucher. Ich möchte deine Stellungnahme zu der Meinung deines Chefs hören!"

Sascha griff in den Brotkorb, angelte sich eine Scheibe heraus, betrachtete sie aufmerksam, rief: „Ich habe vor, mein Haar wie Jesus zu tragen. Habt ihr was dagegen, wenn euer Sohn sich an Jesus orientiert?"

Auf dieses Argument waren Vati und Mutti nicht vorbereitet. [...]

b) *Saschas unerwartete Antwort verblüfft seine Eltern. Auch seine Schwester ist überrascht. Was bezweckt Sascha deiner Meinung nach mit dieser Aussage? Begründe deine Ansicht.*

7 *Das Gespräch zwischen den Eltern und Sascha ist noch nicht beendet. Schreibe eine Fortsetzung, die zu einer vernünftigen Aussprache führt und eine Lösung des Konflikts möglich macht.*

Eine Meinung äußern – Argumentieren

TIPP

Zu jeder Prüfungsaufgabe gehören Schreibaufgaben, bei denen du deine **Meinung äußern und argumentieren** musst. Die **Aufgaben** sind unterschiedlich formuliert:

- Zeige an Beispielen / Situationen auf ... Erläutere an Beispielen ...
- Begründe deine Meinung anhand von selbst gewählten Beispielen.
- Nimm zu dieser Aussage ausführlich Stellung.
- Zeige Vor- und Nachteile auf und nimm dazu Stellung.
- Zeige Beweggründe auf und verdeutliche sie mit Beispielen.
- Schreibe einen Brief / einen Aufruf mit überzeugenden Argumenten.

Bei all diesen Aufgaben musst du **argumentieren** und eigene Beispiele beschreiben.

1 Eine Aussage erklären und kommentieren

1 a) *Welches Problem spricht Gary Turk in seinem Songtext an? Erläutere in wenigen Sätzen, was er meint.*

„Ich habe 422 Freunde, dennoch bin ich einsam. Ich rede jeden Tag mit ihnen, trotzdem wissen sie nicht, wer ich bin.“

Diese Worte sind Teil eines Videos des britischen Filmemachers Gary Turk. Sein Youtube-Beitrag „Look up“ (Schau auf) hat innerhalb von zehn Tagen über zwölf Millionen Klicks bekommen.

b) *Wie denkst du darüber? Begründe deine Meinung.*

TIPP

So kannst du z. B. beginnen:
Meiner Meinung nach ...
Gary Turks Aussage halte ich für ...
Ich bin der Meinung, ...
Dieses Problem ...
Ich finde ...

2 Argumentieren

Argumente

Ein vollständiges **Argument** besteht aus drei Teilen:
Aussage (= Behauptung)
Begründung
Beispiel

1 *Eine Zeitungsmeldung führte zu lebhaften Diskussionen.*

a) *Lies die Meldung und den Auszug aus dem Beschluss der Kultusministerkonferenz.*

b) *Was denkst du darüber? Notiere stichpunktartig einige Punkte* ***für*** *und* ***gegen*** *die Abschaffung der Bundesjugendspiele.*

Bundesjugendspiele abschaffen?

rp online: Eine Mutter aus Konstanz hat im Internet dazu aufgerufen, den mehr als 60 Jahre alten Schulsport-Wettkampf abzuschaffen. Ihr Kind hatte nur eine Teilnehmerurkunde bekommen und deshalb geweint.

Viele Menschen schlossen sich der Petition an. Sollten die Bundesjugendspiele tatsächlich abgeschafft werden?

Aus dem Beschluss der Kultusministerkonferenz vom 26. 10. 1979, in der Fassung vom 12. 09. 2013

[...] Die Bundesjugendspiele sind – im Gegensatz zu den vielen freiwilligen Schulwettbewerben – eine verbindlich durchzuführende Veranstaltung. [...] Um eine nachhaltige Motivation für das Sporttreiben zu fördern, aber auch um die Attraktivität des Angebots zu erhöhen, sollten die Sportvereine vor Ort in die Vorbereitung und Durchführung einbezogen werden. Auf diese Weise kann z. B. ein Rahmenprogramm gestaltet werden, das den Tag zu einem sportlichen und kulturellen Höhepunkt an der Schule werden lässt. Ausschlaggebend für das Gelingen der Bundesjugendspiele sind jedoch auch eine positive Einstellung der Schule und des gesamten Kollegiums zu regelmäßiger sportlicher Betätigung im Schulalltag [...]

Pro	Kontra

2 *Untersuche die folgenden Argumente.*

a) *Trenne zunächst mit Bleistift Aussage (Behauptung), Begründung und Beispiel.*

b) *Untersuche die Aussagen genauer und markiere in unterschiedlichen Farben: Pro-Argument, Kontra-Argument, Lösungsvorschlag.*

Bundesjugendspiele sind eine prima Sache, weil Bewegung auf jeden Fall besser ist als das stundenlange Sitzen im normalen Unterricht. Abgesehen von den wenigen Sportstunden verbringt man nämlich in der Schule die meiste Zeit im Klassenzimmer, obwohl jeder weiß, dass Kinder und Jugendliche mehr Bewegung brauchen. Ich habe in meiner Klasse die Erfahrung gemacht, dass bei den Wettkämpfen auch die weniger Sportlichen mitmachen und sich endlich mal bewegen.

Ich persönlich bin für die Abschaffung der Bundesjugendspiele, obwohl ich gern Sport treibe. Aber nicht alle beherrschen die speziellen Wettkampfsportarten, die im Allgemeinen bei den Bundesjugendspielen üblich sind, und für diese Schüler kann die Veranstaltung eine Qual sein. Ein deutliches Zeichen dafür, dass dies der Fall ist, sind die vielen Krankschreibungen an diesem Tag. Wenn es tatsächlich „Spiele" wären, die jedem Spaß machen, dann gäbe es dieses Problem nicht.

Meiner Meinung nach sollten die Bundesjugendspiele in der bisherigen Form nicht mehr stattfinden, denn diese Art von Wettkampf ist für viele Beteiligte mit sehr negativen Erfahrungen verbunden. Auch der unsportlichste Schüler wird zu „Leistungen" gezwungen, die er nicht bringen kann. Stattdessen darf er sich öffentlich blamieren, sodass zu dem persönlichen Misserfolg auch noch der Spott der Zuschauer kommt. Man sollte es den guten Sportlern gönnen, dass sie sich in einem Wettkampf messen können und dafür Urkunden bekommen. Für die Unsportlichen jedoch müsste man sich etwas anderes einfallen lassen, z. B. Spiele ohne Sieger.

3 *Formuliere mithilfe deiner Stichpunkte von Aufgabe 1 ein* ***Pro****- oder/und ein* ***Kontra****-Argument zu diesem Thema.*

4 *Die Inhalte der folgenden Argumente sind durcheinandergeraten.*

a) *Ordne jedes Argument sinnvoll, sodass ein zusammenhängender argumentativer Text entsteht.*

Argument 1

Superhelden – Vorbilder für Jugendliche?

- [ ] Der Held kann jedes Problem lösen und meistert brenzlige Situationen mit tollen Tricks.
- [ ] Echte Vorbilder können deshalb eigentlich nur reale Menschen sein, deren Verhalten man sich als gutes Beispiel nehmen kann.
- [ ] Wer glaubt, dass dies im Alltag auch so einfach funktioniert, wird natürlich enttäuscht.
- [1] Superhelden sind keine Vorbilder für Kinder und Jugendliche.
- [ ] Was im Film scheinbar mit Leichtigkeit gelingt, ist im wirklichen Leben nämlich meistens unmöglich.

Argument 2

Gruppenzwang in der Clique – ein Problem?

- [ ] Der Hauptgrund dafür ist, dass sie cool sein und dazugehören wollen.
- [ ] Sie haben aber nicht den Mut, zu ihrer Meinung zu stehen, weil sie befürchten, verspottet oder ausgelacht zu werden.
- [ ] Jugendliche verhalten sich in einer Gruppe mit Gleichaltrigen oft unvernünftig.
- [ ] Kommt einer in der Clique auf die Idee, etwas anzustellen, so machen oft alle mit, obwohl einige dies im Grunde völlig falsch finden oder sogar Angst haben.

b) *Schreibe die geordneten Argumente mit Überschrift in dein Heft.*

5 *Überlege dir zu der folgenden Behauptung eine Begründung und ein passendes Beispiel. Formuliere deine Idee zu einem vollständigen Argument aus.*

Die eigene Meinung auch in der Clique zu vertreten ist wichtig.

3 Etwas an Beispielen zeigen

Passende Beispiele finden

Wenn du etwas an **Beispielen** zeigen sollst, heißt das: Beschreibe eine Situation, die zum Thema passt, genauer. Belege damit eine bestimmte Aussage oder deine eigene Meinung.
Es gibt meistens viele Beispiele, die zu der Aufgabe passen. Beginne deshalb immer mit einem **Brainstorming.** Überlege dann und entscheide: Welches dieser Beispiele / welche Situation kann ich gut beschreiben? W-Fragen sind dabei eine sinnvolle Hilfe: **Wer? Was? Wo? Wann? Wie? Warum?**

1 *Überlege, was genau mit der folgenden Aufgabenstellung gemeint ist. Markiere drei Schlüsselbegriffe.*

Sich als Jugendlicher für andere Menschen ehrenamtlich einzusetzen, ist anstrengend. Es kann aber auch eine Bereicherung für das eigene Leben sein. Zeige dies an geeigneten Beispielen auf.

2 a) *Beginne mit einem Brainstorming:*
***Wie** und **wo** kann man sich für andere einsetzen?*
Sammle deine Ideen in einer Mindmap.

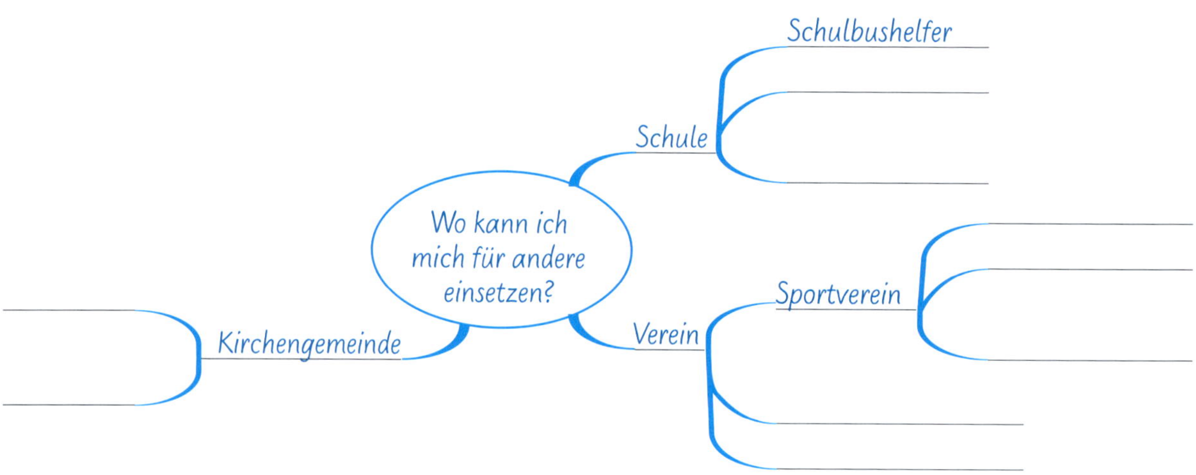

b) *Was eine **Bereicherung für das eigene Leben** sein kann, zeigt dir das folgende Beispiel.*
Ergänze deine Mindmap durch eigene Beispiele.

TIPP

Denke an ehrenamtliche Tätigkeiten aller Art.
Es geht nicht darum, was **du** wirklich machst, sondern **was man alles** machen kann.

Ich bin bei der Jugendfeuerwehr:

→ *ich lerne, anderen zu helfen*

→ *Anerkennung*

→ *Vorteil bei Bewerbung*

3 *Die Abbildung zeigt eine Möglichkeit, wie sich Jung und Alt gegenseitig unterstützen können. Beschreibe dieses Beispiel in einem zusammenhängenden Text.*

TIPP

Schreibplan:
- einleitender Satz (Worum geht es?)
- Situation in einigen Sätzen beschreiben
- Erklärung: Was haben beide Seiten davon?
- Schlusssatz (Warum ist das gut?)

4 *Welche anderen Möglichkeiten sinnvoller gegenseitiger Unterstützung gibt es? Notiere stichpunktartig.*

Beispiel (Situation)	Vorteil für eine Seite (z. B. junge Menschen)	Vorteil für andere Seite (z. B. alte Menschen)

4 Stellung nehmen

Stellungnahme

Zu einer **ausführlichen Stellungnahme** gehören:
Einleitung – Hauptteil mit mehreren Argumenten – **Schluss**
Der Hauptteil verlangt je nach Aufgabenstellung eine unterschiedliche Sichtweise. Du musst z. B.

- eine bestimmte Aussage bestätigen und belegen oder beurteilen oder kritisieren,
- Position und Gegenposition beziehen,
- Vor- und Nachteile aufzählen,
- Pro und Kontra abwägen.

Beginne immer mit einer **Stoffsammlung**. Wähle dann aus, worüber du schreiben willst. Mache dir anschließend Notizen zur **Gliederung** deines Textes.

1 *Die Einleitung nennt das Thema und macht den Lesern klar, worum es geht.*

a) *Markiere bei Beispiel 1 die Nennung des Themas der Stellungnahme.*

b) *Ergänze zum selben Thema zwei passende Beispiele (Beispiel 2 und 3), sodass ein vollständiger Einleitungstext entsteht.*

Beispiel 1	*Viele Schülerinnen und Schüler bessern mit Nebenjobs ihr Taschengeld auf. Manche Leute sind jedoch der Ansicht, dass Erwerbstätigkeit für Schüler grundsätzlich verboten sein sollte. Die Meinungen und Argumente zu diesem Thema sind sehr unterschiedlich.*
Beispiel 2	*Zum Thema Nebenjobs für Schüler gibt es ganz unterschiedliche Ansichten.*
Beispiel 3	*In einem Zeitungsartikel, den wir im Unterricht gelesen haben,*

2 *Formuliere zu jedem Thema eine Einleitung. Schreibe in dein Heft.*

1 Ohne Moos nix los – doch Geld allein macht auch nicht glücklich.

2 Aufeinander Rücksicht nehmen, ist Voraussetzung für ein friedliches Zusammenleben.

3 Smartboard und Tablet verbessern die Unterrichtsqualität an Schulen.

3 a) *Nummeriere die Textbausteine dieser Stellungnahme in einer sinnvollen Reihenfolge.*

Thema: Hauptsache bio oder Hauptsache billig?

☐ Außerdem sollte man bedenken: Je mehr Leute Bio-Produkte kaufen, desto eher lohnt sich der Öko-Landbau und umso billiger werden diese Waren mit der Zeit. Vielleicht würde dann die billige Massenware sogar aus den Supermarktregalen verschwinden.

☐ Während die einen beim Lebensmittelkauf „Hauptsache billig“ einkaufen wollen, sind andere durchaus dazu bereit, für sogenannte „Bio-Produkte“ mehr Geld auszugeben. Meiner Meinung nach spricht vieles dafür, mehr Bio-Produkte zu kaufen.

☐ Bio-Produkte sind arm an Schadstoffen und deshalb auf jeden Fall gesünder. Sie sind aber auch besser für unsere Umwelt, denn bei ihrer Erzeugung werden Pflanzen, Tiere, Boden, Luft und Wasser schonend behandelt. Wer also Bio-Produkte kauft, leistet einen Beitrag zum Umweltschutz.

☐ Heutzutage gibt es in fast jedem Laden auch Bio-Produkte und der Preisunterschied zur Massenware ist, so viel ich weiß, gar nicht so groß. Wir geben für alles Mögliche sehr viel Geld aus und ich finde, gute Nahrungsmittel sollten uns auch ein wenig mehr wert sein.

☐ Ein weiterer Punkt ist, dass man bei Bioware nicht dazu verführt wird, zu viel einzukaufen. Von den Billigprodukten werden oft zu große Mengen eingekauft und ein Teil davon landet am Schluss im Müll. Dann hat man auch nichts gespart, sondern Lebensmittel und Geld verschwendet.

b) *Nutze eine beliebige Information des Schaubildes, um ein weiteres Argument zum Thema zu formulieren.*

c) *Formuliere einen eigenen Schluss zu dieser Stellungnahme, indem du deine Meinung zum Thema in ein bis zwei Sätzen zusammenfasst.*

4 a) *Lies den Text und markiere Schlüsselwörter.*

Schönheitswahn im Kinderzimmer *Sophie Burfeind*

[...] Heute Morgen hat Sarah* nur zwanzig Minuten im Bad gebraucht. Wenn sie abends ausgeht, können das schon mal eineinhalb Stunden sein. Denn dass sie gut aussieht, ist ihr enorm wichtig.

Damit ist sie nicht allein: Für Jugendliche spielt das Aussehen eine immer größere Rolle. Und der Zwang zur Makellosigkeit beginnt immer früher. Schließlich setzt die Pubertät heute manchmal schon mit neun oder zehn Jahren ein. Bereits Mädchen mit elf Jahren schminken sich jeden Morgen und achten peinlich genau auf ihr Gewicht. Der Schönheitswahn hat in die Klassenzimmer Einzug gehalten.

Doch worüber Erwachsene erschrocken den Kopf schütteln, kommt Kindern und Jugendlichen ganz normal vor – sie wachsen ja damit auf. Dass der Schönheitskult gerade in Schulen mittlerweile ziemlich extrem ist, ist Sarah bewusst. „Mädchen, die sich nicht so gut anziehen können oder wollen, werden oft ausgegrenzt", sagt sie. „Am schlimmsten war das in der sechsten, siebten und achten Klasse. Aber es hat teilweise schon in der Grundschule angefangen." [...]

Auch im Streit gehe es um Äußerlichkeiten, erzählt die 16-Jährige: „Wenn man sich streitet, heißt die erste Beschimpfung oft: Du bist fett und hässlich. Das trifft am meisten." Bei Jugendlichen wie bei vielen Erwachsenen, die besessen davon sind, den eigenen Körper durch Diäten, Sport und notfalls plastischer Chirurgie den Idealmaßen gemäß zu formen. [...]

Auch Sarah kennt das: „Selbst die ganz Dünnen sagen, dass sie sich zu dick finden. Ich glaube, da fehlt das Realitätsbewusstsein." Während Sarahs Freundinnen ständig vom Abnehmen reden, geht es bei den Jungs darum, einen durchtrainierten, muskulösen Körper zu haben. [...]

Mit Erfolg – wie man auf Bildern von Tobias* sieht, die er mit seinem Handy gemacht hat. Muskelpakete an den Schultern, Armen, ein Sixpack: Sein schmaler Jungenkörper nimmt die Gestalt eines Bodybuilders an. „Mein ganzes Leben richtet sich nach Fitness", sagt Tobias freimütig. Dass das Training längst zur Sucht geworden ist, weiß er. Aber es kümmert ihn nicht: „Es ist ja eine gesunde Sucht", behauptet er [...]

* Namen von der Redaktion geändert

b) *In dem Text geht es um „Schönheitswahn". Notiere stichpunktartig vier Folgen dieses Trends.*

c) *Zu welcher Textstelle passt die Abbildung am besten? Zitiere.*

5 *„Ich bin schön, also bin ich wer.“*
Nimm kritisch Stellung zu dieser Aussage.

TIPP

Kritisch Stellung nehmen bedeutet:
- negative Folgen aufzeigen,
- Grenzen ziehen,
- Gegenbeispiele bringen.

Einleitung

Argument / Beispiel 1

Argument / Beispiel 2

Schluss

Musterprüfung

Teil A: Zuhören

Information zur Prüfung
Arbeitszeit: 25–30 Min., je nach Länge der Hörtexte
Lies zunächst die Aufgabe. Höre dann den Hörtext ein erstes Mal an.
Höre danach den Hörtext ein zweites Mal an. Mache dann die Aufgabe zu Ende.

Aufgabe zum Hörtext

Janas Mutter hat einen interessanten Zeitungsartikel über ein Schülerprojekt zur Plastikvermeidung entdeckt. Sie erzählt Jana davon.

Höre genau zu und ordne den Aussagen (1–4) jeweils die Schlussfolgerungen (A–E) zu. Trage dazu die Buchstaben in die Tabelle unten entsprechend ein.

Eine Aussage (0) ist bereits zugeordnet.

	Aussage		Schlussfolgerung
(0)	Viel Plastik, das gesammelt wird, landet am Ende doch in der Müllverbrennungsanlage.	A	Die Gruppe der Schülerinnen und Schüler hat einen Pflanztopf entwickelt, der sich in der Erde auflöst.
(1)	Die meisten Pflanztöpfchen sind aus Plastik.	B	Sie gewannen den ersten Preis und dürfen eine Reise in die USA machen.
(2)	Die Gruppe der Schülerinnen und Schüler hat sich überlegt, wie man Plastik reduzieren kann.	C	Viel Mühe bei der Müllvermeidung ist umsonst.
(3)	Das Material, aus dem die neu entwickelten Töpfe sind, ist abbaubar und dient als Dünger für die Pflanzen.	D	Es werden sehr große Mengen an Plastiktöpfchen gleich nach dem Kaufen weggeworfen.
(4)	Die Mühe hat sich für die Schülerinnen und Schüler gelohnt.	E	Die Töpfe sind in zweierlei Hinsicht umweltfreundlich.

(0)	(1)	(2)	(3)	(4)
C				

4 Punkte

Teil B: Sprachbetrachtung/Rechtschreiben

Information zur Prüfung
Arbeitszeit: ca. 35 Minuten
Alle Prüflinge bearbeiten die Aufgaben 1 bis 4.
Die Aufgaben 5 bis 8 werden von Prüflingen mit anerkannter Legasthenie nicht bearbeitet.

1 *Beantworte mithilfe des Wörterbucheintrags die unten stehenden Aufgaben.* 2 Punkte

Fi|nanz, die; - ; -n (franz.)
Geldwesen, Gesamtheit der Geld- und Bankfachleute
Fi|nan|zen (Vermögenslage, Staatsvermögen)
Fi|nanz|amt, Fi|nanz|ex|per|te, Fi|nanz|kri|se
fi|nan|zi|ell, finanzielle Fragen (das Geld betreffend)
fi|nan|zie|ren (Geld zur Verfügung stellen, mit Geldmitteln möglich machen)
Fi|nan|zie|rung
fi|nan|zier|bar

a) *Aus welcher Sprache stammt das Wort Finanz ursprünglich?*

b) *Nenne das entsprechende Adjektiv.*

c) *Wie wird der Plural des Wortes getrennt?*

d) *Bilde mit dem Verb einen sinnvollen Satz.*

2 *Bestimme im folgenden Text die Wortarten der unterstrichenen Wörter.* 2 Punkte

Jedes Jahr im Herbst werden die neuen Nobelpreisträger verkündet. Politisch besonders bedeutsam ist die Verleihung des Friedensnobelpreises. Außerdem werden herausragende Leistungen in den Bereichen Medizin, Physik, Chemie, Wirtschaft und Literatur mit dem renommierten Preis ausgezeichnet. Die Finanzierung der hohen Preisgelder ermöglicht eine Stiftung, die von dem schwedischen Industriellen Alfred Nobel gegründet wurde.

Wort	Wortart

3 *Setze die in Klammern angegebenen Wörter so ein, dass der jeweilige Satz grammatisch korrekt ist.* 2 Punkte

Zusammen mit ______________ (sein Vater), dem eine Rüstungsfirma gehörte, betrieb Alfred Nobel Forschungen auf dem Gebiet der Sprengstoffchemie. Alfred Nobel gelang im Jahre 1867 die Herstellung ______________ (ein sicherer Sprengstoff). Er hatte das Dynamit erfunden und wurde mit ______________ (diese Erfindung) steinreich. Als Nobel 1896 starb, besaß er 100 Fabriken in 20 Ländern und es waren 355 Patente unter ______________ (sein Name) eingetragen.

4 *Setze jeweils eine passende Konjunktion aus dem Wortspeicher in die Lücke ein.* 2 Punkte

dass / sondern / doch / denn / aber / sodass / obwohl

Alfred Nobel war sehr reich, ______________ er hatte keine Nachfahren. Bei der Eröffnung seines Testaments zeigte sich, ______________ es ihm wichtig war, nicht nur als Erfinder tödlicher Sprengstoffe in die Geschichte einzugehen, ______________ als Wohltäter der Menschheit. Sein gesamtes Vermögen floss in einen Fonds, ______________ bis heute alle Nobelpreise von seiner Erbschaft finanziert werden können.

5 *Im folgenden Text sind zwei Wörter falsch geschrieben.* 2 Punkte

a) *Schreibe sie verbessert in die Tabelle.*

b) *Welche Rechtschreibstrategie hilft dir bei diesen Wörtern, dich für die richtige Schreibweise zu entscheiden? Schreibe die passende Strategie in die Tabelle.*

Alljährlich haben spezielle Komitees die Aufgabe herauszufinden, wer alles aufgrund seiner verdienste den Nobelpreis erhalten soll. Alfred Nobel wollte, dass der Preis an Personen gehe, deren Forschungen oder Werke im verfloßenen Jahr der Menschheit den größten Nutzen brachten.

a) verbessertes Wort	b) Rechtschreibstrategie

6 *Setze im folgenden Text die vier fehlenden Satzzeichen ein.* 2 Punkte

Wie wird eigentlich festgelegt wer den Nobelpreis bekommt Die Mitglieder des Komitees sammeln Vorschläge aus aller Welt prüfen sie und erstellen Ranglisten. Welche der nominierten Personen letztlich den begehrten Preis erhalten bleibt jedoch bis zur Verleihung geheim.

7 *Schreibe den Satz in der richtigen Groß- und Kleinschreibung auf.* 2 Punkte

eskommtauchvor,dasseinpreisgarnichtvergebenwird,weildaszuständigekomiteekeinenzurver leihunggeeignetenkandidatenausfindigmachenkannodersichdiemitgliedernichteinigenkönnen.

8 *Welche Abkürzung ist falsch geschrieben? Streiche die falsche Schreibweise durch.* 2 Punkte

Den Nobelpreis erhalten nur herausragende Wissenschaftler **bzw. / b.z.w.** Forscherteams. Der Preis für die Erhaltung des Friedens, **dh / d. h.** den Friedensnobelpreis, kann auch Organisationen wie **z.b. / z. B.** Ärzte ohne Grenzen (1999) oder der **E.U. / EU** (2012) verliehen werden.

Summe: 16 Punkte

Teil C: Lesen

Information zur Prüfung
Arbeitszeit: ca. 60–80 Minuten
In der Prüfung bekommst du einen Text mit Aufgaben. Der Text kann ein Sachtext oder ein literarischer Text sein. Lies den Text und die Aufgaben aufmerksam durch. Bearbeite die Aufgaben möglichst in der angegebenen Reihenfolge. Schreibe grundsätzlich in ganzen Sätzen, außer in den Aufgaben wird etwas anderes verlangt. Achte auf eine saubere äußere Form und auf die Rechtschreibung.

Die 15-jährige Charly beschreibt in diesem Romanausschnitt, wie es dazu kommt, dass sie ihre Sommerferien in einem Feriencamp verbringt.

Text 1

Es war der Sommer, in dem ich aufhörte, einen knallroten Kopf zu bekommen, wenn ich mehr als drei Wörter sagen sollte. Ich hatte am Ende eine Narbe an der Hand und meinen ersten Kuss bekommen. Ich war sogar fast ein bisschen berühmt geworden. Aber der Reihe nach.

Am Anfang hielt mir meine Mutter eine Anzeige aus der Zeitung unter die Nase. Ein Ferien-Fun-Survival-Camp. Mein Muskel zum Schulterzucken war zu der Zeit super trainiert und ungeschlagen im Fliegengewicht der fünfzehnjährigen Mädchen.

Meine Mutter wusste eigentlich, dass Schulterzucken zwar „ja" und „nein" heißen konnte, meistens aber „nein" hieß.

„Das Camp liegt bei Bad Heiligen", las sie aus der Anzeige vor. „Das ist ein beliebtes Seebad. In Heiligen war dieser Maler."

„Ach, der!", sagte ich.

Drei Wochen später überreichte meine Mutter mir ein Anmeldeformular. Ihrem Gesicht nach zu urteilen, hätte ich ihr mit einem Jubelschrei um den Hals fallen sollen:

„O Mutsch, du bist einfach die Beste!" Sie hatte zu viel Fernsehen gesehen, echt.

„Da muss man sogar eine Bewerbung schicken. Da wollen bestimmt total viele hin. Stell dir mal vor, und von allen Bewerberinnen nehmen sie dann dich."

Das klang für mich, als ob ein Typ mit Luftballons aus dem Gebüsch springt, wenn man in einen Rest Hundekacke gelatscht war. Mit einem Schild: Sie sind der einhundertste Besucher dieser Hundekacke.

„Oder willst du lieber mit zu Oma?"

Ich zuckte die Schultern. Das Aufregendste im Dorf meiner Oma war, dass manchmal ein Schuppen einfach so zusammenfiel. Im ganzen Ort wohnten nur alte Frauen, denen die Männer weggestorben waren. Die einzige Sehenswürdigkeit dort war der Apothekersohn. Die Witwen humpelten jeden Tag zu ihm.

Wenn ich dort war, begann ich schon nach wenigen Minuten, Schimmel anzusetzen. Oma würde höchstens fragen, ob ich die Haare anders hätte. Sie wollte immerzu über Haare reden. Wahrscheinlich, weil sie nur noch so wenige hatte. Am Kinn zum Beispiel.

Meine Mutter und mein Vater ackerten sich immer durch den Garten. Ging ich raus, musste ich helfen. Blieb ich drin, brüllte mich ein Shopping-Kanal an, den Oma gern sah, obwohl sie nie etwas bestellte.

Also, warum nicht stattdessen in so ein Survival-Camp?

Meine Mama meinte, das wäre gut für mich. War es ja auch, aber sie hatte sicherlich eine andere Art „gut für mich" gemeint.

Je mehr Tage vergingen, umso lieber wollte ich mit zur Oma. Der Apothekersohn war wirklich hübsch. Eine Augenweide, sagte Oma. Vielleicht könnte ich mich mit Absicht in ihn verlieben, dann wäre ich schon mal verliebt gewesen.

Im Café neben der Apotheke gab es sogar Internetempfang. Ich könnte mir ein Eis bestellen, und während es schmilzt, im Rätselforum Rätsel aus der Kategorie „Profi" knacken. Ich war in dem Forum als „Schlaufrau" angemeldet. Man konnte sich dort selber Rätsel ausdenken und Punkte vergeben. Je nachdem, wer am schnellsten auf die Lösung gekommen war. Anfang des Sommers lag ich noch knapp in Führung.

Außerdem könnte ich viel zu lesen mitnehmen. Ich fraß Abenteuerromane. Und Krimis. Ich begann, mir Hoffnung zu machen, dass sie mich bei diesem Camp nicht nehmen würden. Warum auch? Ich war ja nicht bei den Pfadfindern oder so.

Dann kam ein dicker Umschlag, der nicht in den Briefkasten passte. Die Postbotin klingelte extra. Ich konnte durch die Milchglasscheibe sehen, wie sie draußen stand und sich den Umschlag ansah. Sie war ein Mädchen aus dem Nachbarort, das dieses Jahr seine Ausbildung bei der Post abgeschlossen hatte.

„Post für Sie", sagte sie. Letztes Jahr hätten wir uns noch geduzt.

Auf dem Umschlag waren drei Aufkleber. Solche, die man mit Adressen bedrucken kann. Auf einem stand meine Adresse. Auf dem zweiten stand: „Wilde Mädchen". Auf dem dritten: „Der Wald will nichts von dir. Du willst was vom Wald." Im Umschlag drin wurde es noch besser: „Herzlichen Glückwunsch, du wirst einen tollen Sommer haben."

Drei Ausrufezeichen. Dann folgte eine Erklärung, warum es besser ist, wenn wir ohne Mobiltelefone anreisen. Wir sollten im Camp lernen, uns zu orientieren. Ganz ohne Technik und Internet. Unser selbstständiges Handeln und Denken sollte gefördert werden, ebenso das Erleben der Natur. Unten war ein kleiner Zettel zum Abtrennen. Hiermit berechtige ich Sie, meiner Tochter Pünktchen Pünktchen Pünktchen das Mobiltelefon abzunehmen; falls sie doch eines bei sich hat, bladibla ... wird dieses für die Zeit des Camps einbehalten. Erziehungsberechtigter eins und zwei. [...]

Aus: *Kirsten Fuchs, Mädchenmeute*

M1

Arbeitsaufträge zu Text 1

Punkte

Bearbeite die Aufgaben auf einem gesonderten Blatt.

1 *Im Text kommen Mutter, Vater und Oma der Ich-Erzählerin vor. Stelle alle Personen nacheinander in einem kurzen zusammenhängenden Text vor.* — 2

2 *Fasse den Inhalt des Textes in einigen Sätzen zusammen.* — 2

3 *„Wenn ich dort war, begann ich schon nach wenigen Minuten, Schimmel anzusetzen." (Zeilen 43–44)*

Die Ich-Erzählerin wendet hier das Stilmittel der ironischen Übertreibung an.

a) *Erkläre mit eigenen Worten, was sie damit ausdrücken möchte.* — 1

b) *Schreibe eine Textstelle heraus, bei der sie ebenfalls dieses Stilmittel verwendet.* — 1

4 *Die Ich-Erzählerin macht sich Gedanken über die unterschiedlichen Möglichkeiten, ihre Ferien zu verbringen. Stelle ihre Überlegungen zu Vor- und Nachteilen in einer Tabelle oder in einer Mindmap dar.* — 3

5 *Beschreibe die Karikatur (M1) und stelle einen Zusammenhang zwischen Karikatur und Text her.* — 3

Summe: 12 Punkte

Text 2 Verpackungs-Wahnsinn

Kapituliert der Staat vor der Plastikflut?

Mülltrennen – das können die Deutschen, sind sogar Vorreiter. Und stolz darauf. Was dabei allerdings gerne vergessen wird: Europaweit sind sie auch Spitzenreiter beim Verbrauch von Verpackungsmüll. Und die Plastikflut scheint schwer in den Griff zu bekommen zu sein. [...]

Die Gelben Säcke stapeln sich vor den Häusern, die gelbe Tonne ist übervoll. Ein Zeichen der guten Trennmentalität der Bürger. Ja, zum einen. Zum anderen aber auch ein Zeichen dafür, dass die Verpackungen – darunter viele Kunststoffe – immer mehr werden. Unsere Getränke kommen aus der leichten Einweg-Plastikflasche. Den Kaffee holt man sich „to go" im Kunststoff-Becher oder brüht ihn zu Hause aus der Kapsel. Es wird kaum Obst und Gemüse angeboten, das nicht in der Plastikschale oder Folie steckt. Von Shampoo, Waschmittel oder Ähnlichem gar nicht zu reden. Doch ist das denn überhaupt ein Problem, wenn Plastik doch recycelt wird? Ja. Denn unlängst musste die Bundesregierung einräumen, dass in Deutschland nur etwas mehr als die Hälfte des Verpackungsmülls recycelt wird. Der Rest wird verbrannt.

Folgen für die Umwelt

Die Folgen der Plastikflut sind enorm: Die grausigen Bilder von den Weltmeeren, in denen Tiere an Folien & Co verenden, kennt man mittlerweile. Doch auch in den heimischen Gewässern ist das Problem längst angekommen: Hierzulande findet man in Seen und Flüssen nicht nur Plastikflaschen oder Verpackungsmaterial. Unsichtbar für das Auge schwimmt dort Mikroplastik. Das entsteht durch die Zersetzung des Plastikmülls durch UV-Licht und Abrieb. Aber die winzigen Plastikteilchen werden auch Kosmetikprodukten wie etwa Duschgel zugesetzt. Diese Partikel werden von den Lebewesen im Wasser gefressen: Mit dem Plastik nehmen die Fische dann auch Schadstoffe auf, die am Plastik haften. Doch wird Plastik, das verschluckt wird, nicht einfach wieder ausgeschieden? Oder landet es – durch die Nahrungskette – letztlich auf unseren Tellern? [...]

Plastik im Chiemsee

Auch im Chiemsee finden die Fischer in ihren Netzen neben den Fischen immer wieder Plastik. Ein besonders sensibler Bereich im Chiemsee ist die Hirschauer Bucht: Es ist das größte Binnendelta Europas und wurde 1984 zum Vogelschutzgebiet erklärt. Bei Hochwasser jedoch – das fast jährlich hier ankommt – spült es nicht nur jede Menge Holz an, sondern auch Plastik türmt sich auf. Und es bleibt liegen. Damit verlandet das Naturschutzgebiet immer mehr. Eine bedenkliche Entwicklung. Ganz abgesehen vom möglichen Schaden, den die Wasserbewohner durch das Plastik akut erleiden. Im Chiemsee wurde auch Mikroplastik gefunden, wenn auch in geringen Mengen.

M1 Plastikpiraten – Das Meer beginnt hier!

Kinder und Jugendliche im Alter von 10 bis 16 Jahren werden auf Initiative des Bundesministeriums für Bildung und Forschung (BMBF) dazu aufgerufen, sich an der Citizen-Science-Aktion „Plastikpiraten" zu beteiligen.

In Projektgruppen sollen sie bundesweit die Menge und Art der Kunststoffabfälle in und an Fließgewässern ermitteln. Die gewonnenen Daten werden von der Kieler Forschungswerkstatt ausgewertet. Sie tragen zur Forschung über die Verbreitung von Makro- und Mikroplastik in und an deutschen Flüssen bei.

Die „Plastikpiraten" sind eine Citizen-Science-Aktion im Wissenschaftsjahr 2016/17, bei der Wissenschaftler und Bürger zusammenarbeiten.

M2 Anteil des recycelten oder kompostierten Mülls am Siedlungsabfall (in Prozent)

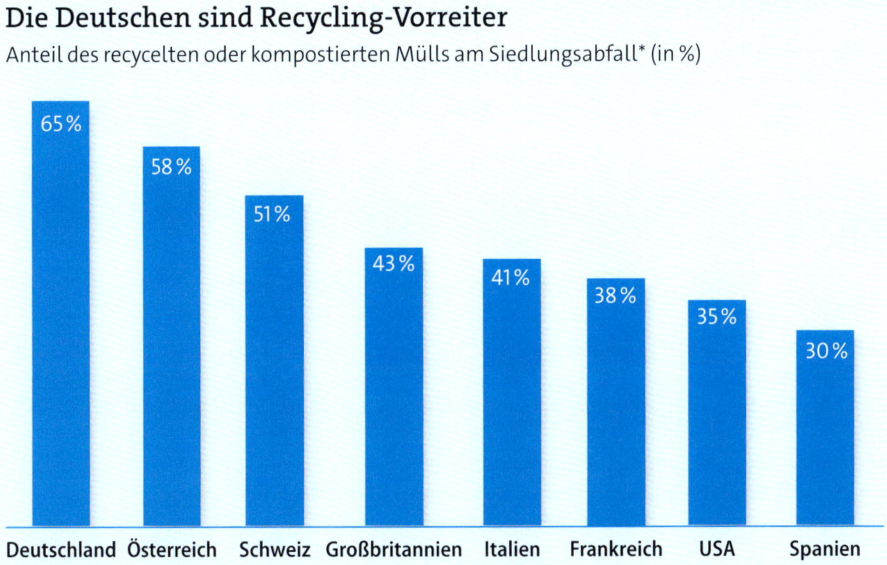

* Abfall Privathaushalte u. Ähnliches, nicht Industriemüll

M3 Verpackungsabfälle in Deutschland

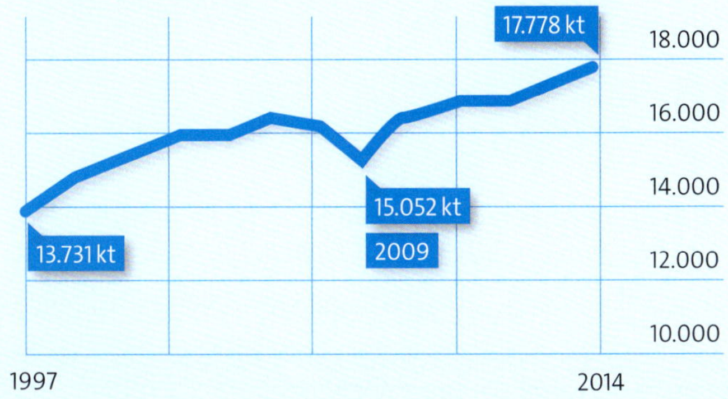

Arbeitsaufträge zu Text 2

Punkte

Bearbeite die Aufgaben auf einem gesonderten Blatt.

1 a) *Fasse die wesentlichen Informationen des Artikels (Text 2) in wenigen Sätzen zusammen.* 2

b) *Umschreibe das Ziel der Aktion Plastikpiraten (M1) in einem Satz.* 1

2 *Folgende Begriffe kommen in den Texten als Fremdwörter vor. Suche sie heraus und ordne sie entsprechend zu.* 2

- gewaltig, außerordentlich groß
- kleine Teilchen
- empfindlich
- Anstoß zum Handeln, Anregung

3 a) *Im Text wird der Begriff „Plastikflut" verwendet (Zeile 1). Erkläre diesen Begriff mit eigenen Worten.* 1

b) *Der Artikel nennt Gründe und Folgen der häufigen Verwendung von Plastik. Stelle diese Informationen stichpunktartig in einer Tabelle zusammen.* 2

4 *Die Abbildungen M2 und M3 veranschaulichen ein Problem, das auch im Text vorkommt.*

a) *Schreibe zu jedem Schaubild eine passende Textstelle heraus. Zitiere korrekt.* 2

b) *Erläutere das Problem mit eigenen Worten. Berücksichtige dabei die Informationen der beiden Grafiken.* 2

Summe: 12 Punkte

Teil D: Schreiben

Informationen zur Prüfung
Arbeitszeit: ca. 50–70 Minuten
Im Prüfungsteil D wählst du aus zwei Aufgabengruppen, die sich beide auf denselben Text beziehen, eine Aufgabengruppe aus.
Bearbeite die Aufgaben möglichst in der angegebenen Reihenfolge.
Schreibe grundsätzlich in ganzen Sätzen, außer in den Aufgaben wird etwas anderes verlangt.
Achte auf eine saubere äußere Form und auf die Rechtschreibung.

Um noch mehr Übungsmöglichkeiten zu bieten, bekommst du hier zwei Aufgabengruppen zu zwei verschiedenen Texten angeboten. Bearbeite beide vollständig auf einem gesonderten Blatt.

Aufgabengruppe I – zu Text 1 (S. 92)

Punkte

1 *Die Erzählerin erhält den entscheidenden Brief. Versetze dich in ihre Lage und schildere in einem zusammenhängenden Text ihre Gedanken und Gefühle. Schreibe in der Ich-Form.* 6

2 *„Dann folgte eine Erklärung, warum es besser ist, wenn wir ohne Mobiltelefone anreisen." (Z. 97-99)*

Stressfreier Urlaub ohne Internet? - Nimm ausführlich Stellung dazu. Berücksichtige Pro- und Kontra-Argumente. 10

Summe: 16 Punkte

Aufgabengruppe II – zu Text 2 (S. 94)

Punkte

1 *An deiner Schule wird eine Aktionswoche zum Verzicht auf Plastik geplant.*

*Schreibe einen Text für den Aushang in der Schule, in dem du deine Mitschülerinnen und Mitschüler zum Mitmachen animierst. Unterstütze dein Anliegen mit überzeugenden Argumenten und beziehe dich dabei auch auf sachliche Informationen aus dem Text und den Materialien **M1** bis* **M3**. Entwirf zunächst einen Schreibplan. 10

2 *Die Aktion „Plastikpiraten" regt Jugendliche dazu an, sich für eine gute Sache einzusetzen.*

Nicht nur im Bereich Umweltschutz gibt es Möglichkeiten, sich zu engagieren, um damit Positives zu bewirken. Zeige an zwei weiteren Beispielen aus anderen Lebensbereichen, wie du dich für eine gute Sache einsetzen und etwas bewirken kannst. Erläutere ausführlich. 6

Summe: 16 Punkte

Deutsch

QUALI-TRAINER

Qualifizierender Abschluss der Mittelschule Bayern

Abschlussprüfung ab 2022

Lösungsteil

Erarbeitet von
Claudia Heidenreich und
Werner Heidenreich

Cornelsen

Seite 7

1 im Text schnell die nötigen Informationen finden — e
Arbeitsaufträge richtig verstehen — c
Wichtiges erkennen — f
schwierige Wörter oder Textstellen klären — a
Informationen sammeln und ordnen — d
zur Aufgabe passende Textstellen finden — b

2 *Je nachdem, wie die konkrete Aufgabe formuliert ist, sind auch Abweichungen möglich.*

	A	B	C	D	E	F	G	H	I
Du kannst deine eigene Meinung schreiben.	x		(x)			(x)		(x)	(x)
Dein Text soll sachlich informieren.		x			(x)		x		
Du musst andere überzeugen.	x				(x)				x
Du musst Gedanken und Gefühle schildern.			x	x					
Du musst eine oder mehrere Personen direkt anreden.			x		x				x
Du musst passende Beispiele darstellen.	x					x	x	x	
Du musst Argumente formulieren.	x					x			x
Du sollst die Leser zu etwas auffordern.					(x)				x
Du musst dich in eine Situation hineinversetzen.			x	x					

Seite 9

2
Z. 1–4 Was ist das Thema des Textes?
Z. 11–13 Welche Idee hatte Thaddeus Cahill?
Z. 17–19 Warum war seine Erfindung damals gefragt?
Z. 23–26 Was genau ist ein Telharmonium?
Z. 20–22 Wie und wo wurde das Gerät eingesetzt?
Z. 31–37 Warum setzte sich das Telharmonium nicht durch?
Z. 44–55 Wie lange war das Gerät im Einsatz?
Z. 60–63 Welche Bedeutung hatte das Telharmonium für die Entwicklung der Musik?

3 *So könnten deine Antworten lauten:*
In dem Text geht es um eine spezielle Möglichkeit des Musikstreamings, die es schon vor über 100 Jahren gab. Thaddeus Cahill hatte die Idee, mit einem Telharmonium live gespielte Musik über das Telefon zu übertragen. Seine Erfindung war gefragt, weil es damals noch kein Radio gab. Das Telharmonium war eine riesige Maschine, 18 Meter lang und 200 Tonnen schwer, die ähnlich wie ein Keyboard bedient wurde und Musik in elektrische Impulse umwandelte. Mit dem Telharmonium wurden umliegende Hotels, Restaurants und Privathaushalte rund um die Uhr mit Musik versorgt.
Das Telharmonium setzte sich nicht durch, weil es nur mit höheren Stromstärken richtig funktionierte und somit die normalen Telefonübertragungen störte. Das Gerät war bis 1920 im Einsatz. Für die Musik war das Telharmonium wichtig, da es Vorbild war für die Hammondorgel, den Synthesizer und das Keyboard.

Seite 11

2 Sportwissenschaftler, Professor, Leiter des Sportinstituts der Universität Karlsruhe

3

Stunden	Tätigkeit
9 Stunden	Schlafen
9 Stunden	Sitzen in der Schule, bei Hausaufgaben und Mediennutzung
5 Stunden	Gehen im Alltag
weniger als 1 Stunde	Spielen, Toben, Sport

4 **a)** Z. 7 bis 10; Z. 22 bis 24 und 25 bis 28; Z. 34 bis 35
b) Z. 29 bis 34 oder Z. 39 bis 41
c) Z. 22 bis 24 passt zu M1

5 **a)**
- Möglichkeiten im Schulsport werden nicht ausgeschöpft
- Eltern nehmen Kindern zu oft die Bewegung ab

b) „Was da in einigen Jahren an Gesundheitsproblemen und Folgekosten auf uns zukommt, wird dramatisch." (Z. 25 bis 28)

6
- mehr Aufklärung
- grundsätzliche Verhaltensänderung
- Erziehung zu mehr Bewegung in Kindergarten, Schule und durch Eltern

7 69,5 % der Kinder bewegen sich täglich nicht ausreichend.
Die Leistungen der Kinder und Jugendlichen im Standweitsprung haben sich im Vergleichszeitraum um 14 % verschlechtert.

Seite 13

2 **b)** Prävention A = Verhütung, Vorbeugung; abschreckende Maßnahmen ergreifen; Vorgehensweise, um etwas Schlimmes zu verhindern

Prämisse B = Grundvoraussetzung, Vorbedingung; übergeordneter Leitsatz; eine unbedingt notwendige Bedingung

3 **a)** Basis: Grundlage Qualifikation: Befähigung
Training: Übung Module: Baueinheiten
Projekt: Vorhaben Initiator: Anstifter

b) Basisqualifikation: eine grundlegende (wichtige) Fähigkeit
Trainingsmodule: Übungseinheiten
Projektinitiator: Person, die das Vorhaben angeregt bzw. verwirklicht hat

4 *So könnte deine Lösung aussehen:*
Die Aufgaben waren so gestaltet, dass die Sinne der Jugendlichen getestet wurden.

5 Die **Beaufsichtigung von Kindern** obliegt den **Begleitern**. **I** Sie haben insbesondere **dafür** zu **sorgen**, **I** dass die Kinder **nicht auf den Sitzplätzen** knien oder stehen **I** und nach Maßgabe der straßenverkehrsrechtlichen Vorschriften **Sicherheitsgurte** angelegt haben **I** oder in einer Rückhalteeinrichtung für Kinder gesichert sind.

b) Kinder müssen von ihren Begleitpersonen, z. B. Eltern, beaufsichtigt werden. Diese müssen dafür sorgen, dass die Kinder sich richtig hinsetzen und vorhandene Sicherheitsgurte anlegen.

Seite 14

1 **a) Gleiche oder ähnliche Bedeutung:**
kompliziert = schwierig, verwickelt
strukturiert = klar gegliedert
egoistisch = selbstsüchtig
intensiv = stark, eindringlich
direkt = ohne Umweg
generell = allgemein
objektiv = sachlich
korrekt = richtig, fehlerfrei

b) Gegensätzliche Bedeutung:

kompliziert	einfach
aggressiv	friedfertig
egoistisch	selbstlos
intelligent	einfältig
korrekt	fehlerhaft
indiskret	verschwiegen
effektiv	wirkungslos
kompetent	unfähig

2 **a)** *Individuelle Lösungen*

b)

interessant	(frz.)
sensationell	(frz.)
motiviert	(lat.)
defekt	(lat.)
resigniert	(lat.)
brutal	(lat.)

3 *So könnte deine Lösung aussehen:*
- ein Schülersprecher, der sich einsetzt für die Schüler und viel macht für die Schule
- eine unangenehme, schmerzhafte oder traurige Erfahrung (Erlebnis)
- eine Situation, die außer Kontrolle gerät / sehr schlimm wird
- ein Vorschlag, der passend und sinnvoll ist

Seite 15

4

Z. 8 bis 11	Jugendliche kennen anscheinend die Höflichkeitsregeln für den Umgang mit Erwachsenen nicht.
Z. 15 bis 17	Sogenannter Small Talk überfordert viele Jugendliche.
Z. 32 bis 35	Es ist ihnen oft nicht bewusst, wie unhöflich sie auf Erwachsene wirken.
Z. 38 bis 40	Das Training von Benimm-Regeln kommt heutzutage in den Familien zu kurz.

5 Nicht mit dem Text übereinstimmende Aussagen:
- Jugendliche wollen sich mit Erwachsenen nicht unterhalten.
- Benimmregeln sollte man am besten in einem speziellen Kurs lernen.

6 Zeile 1 bis Zeile 5

Seite 16/17

1

Z. 5/6	„Der Franzose hatte einen schweren Stand [...].“
Z. 3/4	„Die beiden Männer fochten wie rasend [...].“
Z. 8–11	„[...] dass die Zuschauer dem einzelnen Stoß und seiner Gegenwehr gar nicht mehr nachkommen konnten.“
Z. 15/16	„Durch die atemlose Menge ging es fast wie ein Stöhnen.“
Z. 26–28	„Offenbar wusste er selbst nicht, ob er einen Treffer erzielt hatte.“
Z. 32	„Die Zuschauer atmeten auf.“
Z. 33/34	„[...] er hatte die Möglichkeit des Sieges immer noch vor sich [...].“
Z. 43/44	„Das Urteil der Kampfrichter hatte für ihn gesprochen [...].“
Z. 45/46	„[...] als eine erlistete Goldmedaille [...]“
Z. 46/47	„[...] er stand, indem er sich als besiegt erklärte, als Sieger da.“

2 Zeilen 15–16 und Zeile 32
Zeilen 37–39

3 *So könnte deine Lösung aussehen:*
Der Italiener war dem Franzosen an Reichweite überlegen.
Einer der Kampfrichter meinte, es gesehen zu haben.

4 *So könnte deine Lösung aussehen:*
Von einem schlechten Sportler erwartet man manchmal auch unfaires Verhalten.
Unbekannte Sportler sind selten wichtige Vorbilder für junge Menschen.
Bei einer Niederlage fragen Fans häufiger danach, ob möglicherweise Betrug im Spiel war.

Seite 18/19

1 *So könnte deine Lösung aussehen:*
Der Autor ist gegen die Teilnahme von Skatern an den Olympischen Spielen. Er erläutert, weshalb die Grundeinstellung von Skatern nicht zu den straffen Regeln einer Olympiade passt.

2 Die erste, zweite und vierte Aussage sind richtig.

3 *So könnte deine Lösung aussehen:*
Skaten und Olympische Spiele passen vom Grundgedanken her überhaupt nicht zusammen.

Ein Fußballspiel findet – im Gegensatz zum Skaten – immer auf einem Spielfeld statt, das feste Begrenzungen hat.

Skater sind kreativ, sie denken sich – wie Künstler und Maler – immer etwas Neues aus.

So entwickelt jeder seinen eigenen Stil.

Olympiateilnehmer trainieren ihren Körper extrem hart, um wirklich absolute Höchstleistung zu bringen.

Wenn man Skaten zur olympischen Disziplin machen will, dann geht durch die starren Regeln das verloren, was Skaten so anders macht.

4 „Wo andere nur Beton sehen, habe ich hunderte Ideen für Tricks im Kopf." (Z. 24–26)
Zitat Z. 13–18

Seite 20

1 Z. 3–6 / Z. 11–13 / Z. 24–26 / Z. 32–34

2 *So könnte deine Lösung aussehen:*
„... die letzte kleine Schutzbarriere vor der offenen Arena ..." (Z. 36/37)
Der Pausenhof ist für sie wie ein Kampfplatz ohne Möglichkeit, in Deckung zu gehen.

„Neugierig dehnt er sich nach allen Seiten aus, als wolle er die ganze Umgebung aufschlucken." (Z. 37–39)
Der Pausenhof kommt ihr riesig vor, sie kann nicht entkommen und fühlt sich ausgeliefert.

„Eine ausgedehnte schreiende Fläche. Ein Riesenkäfig ohne Gitter." (Z. 40/41)
Auf dem großen Pausenhof ist immer Lärm. Susanne empfindet die Kinder als wild und laut. Man darf diesen Hof nicht verlassen, das ist so, als ob man eingesperrt wäre.

3 *So könnte deine Lösung aussehen:*
Man gehört entweder zu denen, die andere verlachen und aggressiv sind, oder man gehört zu den Verlierern. Wer bei den Angebern mitmacht, hat auch das Sagen auf dem Pausenhof.

Seite 21

1 *So könnte deine Antwort lauten:*
M1: Die beiden Kreisdiagramme verdeutlichen, wie hoch der Anteil der Weltbevölkerung mit Wassermangel, Wasserknappheit und ausreichendem Wasservorrat im Jahr 2000 war und welche Entwicklung sich für das Jahr 2025 abzeichnet. Aus dem Vergleich der Anteile geht hervor, dass die Wasservorräte immer knapper werden.

M2: Das Schaubild zeigt, welche Länder wie viel Tonnen Waren mit hohem Wasserrisiko erzeugen und nach Deutschland exportieren. Es wird deutlich, dass Deutschland das Wasserrisiko der Länder Kenia, Südafrika, Spanien und Bangladesch mit deren Produkten importiert.

Seite 22

2 *So könnte deine Antwort lauten:*
Alle vier Abbildungen zeigen, dass der Wasserverbrauch der Menschen weltweit steigt, während die Wasservorräte immer knapper werden.

3

Darstellungsform	wurde verwendet bei Abbildung			
	M1	M2	M3	M4
Liniendiagramm				x
Kreisdiagramm	x			
Piktogramm		x	x	
Symbol			x	
Bildelement		x	x	
Legende	x	x		x

❹ M2, M3, M4 Es werden absolute Zahlen verwendet (Mengenangaben).
M1 Es werden Prozentzahlen angegeben.
M1, M2, M4 Es wird eine (zeitliche) Entwicklung gezeigt.
M1 Es werden Daten zu zwei unterschiedlichen Zeitpunkten verglichen.
M3 Die Zahlen zeigen die Situation zu einem bestimmten Zeitpunkt.
M2 Es werden Zahlen bzw. Anteile miteinander verglichen.
M1, M4 Das Schaubild enthält geschätzte Angaben.
M2 Die abgebildeten Gegenstände sind wichtig für das Verstehen der Abbildung.
M1–M4 Die Abbildung wird durch eingefügte Texte erklärt.
M1, M2, M4 Die Überschrift fasst das Thema zusammen.
M1, M4 Die Abbildung zeigt einen Trend.

Seite 23

❺ *So könnte deine Lösung aussehen:*

Abb.	Aussage 1	Aussage 2
M4	Der Wasserverbrauch in der Landwirtschaft ist extrem stark gestiegen.	Der Bedarf an Wasser in Industrie und Haushalt ist in den letzten 100 Jahren etwa gleich angestiegen.
M2	Bekleidung aus Bangladesch gehört zu den Importen mit hohem Wasserrisiko.	Auch für Tomaten aus Spanien und Blumen aus Kenia wird in den Herkunftsländern sehr viel Wasser verbraucht.
M1	Im Jahr 2025 werden *31%* der Weltbevölkerung an Wasserknappheit leiden.	Noch im Jahr 2000 hatten 92% der Weltbevölkerung ausreichend Wasser, während es im Jahr 2025 nur noch 62% sein werden.
M3	Jeder Mensch braucht im Durchschnitt 7,5 bis 50 Liter Wasser am Tag.	Gegenwärtig müssen 4,2 Mrd. Menschen ohne ausreichende sanitäre Grundversorgung leben.

❻ *So könnte deine Antwort lauten:*
Weltweit steigt der Wasserverbrauch, obwohl die Wasservorräte immer knapper werden. In vielen ärmeren Ländern leiden die Menschen unter Wassermangel und haben keinen Zugang zu sauberem Trinkwasser. In reichen Ländern wie Deutschland wird extrem viel Wasser verbraucht. Wir gehen zu sorglos mit Wasser um und importieren viele Produkte, die in anderen Ländern mit hohem Wasserverbrauch hergestellt werden. Da Wasser für jeden Menschen lebenswichtig ist, muss es auf der Welt gerechter verteilt werden. Reiche Länder dürfen nicht auf Kosten armer Länder das Wasserrisiko verschärfen. Wichtigstes Ziel sollte die Versorgung aller Menschen mit sauberem Trinkwasser sein.

Seite 24

❶ **a)** Die Karikatur zeigt die menschliche Entwicklungsgeschichte, die vom Smartphonebenutzer jäh gebremst wird.

b) *So könnte deine Antwort lauten:*
Krasse Veränderungen durch Smartphones:
- Verhaltensänderung durch massenhafte Verwendung im Alltag
- Typische Körperhaltung der Smartphone-Generation
- Lebensmittelpunkt Smartphone verhindert andere Aktivitäten – führt zu Bewegungsmangel
- Ist das Smartphone ein Fortschritt für die Entwicklung der Menschheit?
- Kann der medientechnische Fortschritt das Gegenteil bewirken?

c)
4 Der Mensch hat sich im Laufe der Zeit immer weiter entwickelt.
3 Wer ständig auf sein Smartphone schaut, merkt nicht, was um ihn herum passiert.
0 Smartphone-Nutzer sind am weitesten entwickelt und besonders intelligent.
2 Mit der Handygeneration endet die Entwicklungsgeschichte des Menschen.
1 Es könnte sein, dass die technische Weiterentwicklung die menschliche Weiterentwicklung bremst.
5 Die jugendliche Handygeneration interessiert sich nicht sonderlich für die Vergangenheit.

d) *So könnte deine Antwort lauten:*
Wir müssen aufpassen, dass uns neue Medien wie Smartphones nicht in unserer Entwicklung behindern oder sogar zurückwerfen.

Seite 25

1 Im Podcast geht es um die menschliche Stimme.

Seite 26

2 *So könnte deine Lösung aussehen:*
- von Anfang an da (Baby)
- ähnlich wie ein Instrument
- Ort: im Kehlkopf
- Stimmbänder: Klänge und Laute
- Stimmbänder = Stimmlippen (Aussehen)
- Stimmlippen bewegen sich auf und zu (Muskeln)
- sie sind nicht zu sehen (Instrument HNO-Arzt)
- Luft / Lunge / Stimmlippen
- Brustkorb als Resonanzkörper

3 *Folgende Wörter könnte es betreffen:*
- Kehlkopf
- Stimmbänder (wird im Text erklärt)
- Stimmlippen (wird im Text erklärt)
- Klangraum

4 **a)** mit einem Instrument
b) Kehlkopf
c) Ähnlichkeit mit einem Mund
d) Luft aus der Lunge
e) Klangraum (Brustkorb)

Seite 27

5

(0)	(1)	(2)	(3)
C	D	E	B

Seite 28

1 *Individuelle Lösungen*

Seite 29

2 A stimmt, B stimmt nicht, C stimmt, D stimmt nicht, E stimmt, F stimmt nicht, G stimmt nicht

3 *So könnte deine Lösung aussehen:*
(0) - Geschäftsessen
- Essen mit Freunden
(1) - Haut färbt sich bläulich
- piepsendes Atemgeräusch
- Kreislauf bricht zusammen
- Atemstillstand
- Tod
(2) - „gefährliche" Essensteile
- hastiges Schlingen großer Teile
(3) - ältere Menschen: häufig körperlich geschwächt
- Kinder: Übung fehlt noch

Seite 30

4 *So könnte eure Lösung aussehen:*

Was passiert beim Verschlucken?	Unsere Vorfahren und das Thema „Verschlucken"
Das Essen geht nicht über die Speiseröhre in den Magen, sondern ... ... gelangt aus Versehen in die Luftröhre.	*Warum haben sich unsere Vorfahren häufiger verschluckt als wir heute:* 1) große Brocken 2) schnelles Herunterschlingen 3) „gefährliche" Essensteile (Knochen, Gräten etc.)
Im Idealfall passiert Folgendes, wenn man sich verschluckt: Man muss husten und die Essensteile rutschen dadurch aus der Luftröhre heraus.	*Diejenigen Mitglieder einer Horde haben überlebt, die ...* ... am geschicktesten essen konnten, ohne sich zu verschlucken.
Wenn es sehr schlecht läuft, kann das Verschlucken schlimme Folgen haben: 1) *Atemnot* 2) *Bewusstlosigkeit* ... 3) Atemstillstand 4) Versagen des Blutkreislaufs 5) Tod	*Was hat das Thema Essen mit der Evolution zu tun?* Im Lauf der Evolution haben sich die Menschen durchgesetzt, die am besten überleben konnten (vor allem wegen ihrer biologischen Voraussetzungen). Essen war wichtig zum Überleben. Also war es wichtig, auch das „gut zu können".

Seite 31

1 **a)** aus dem Lateinischen
b) die Komponenten
c) komponieren
d) der Komposition
e) *So könnte deine Antwort lauten:*
Der Komponist W. A. Mozart ist weltberühmt. / Die Komposition ist gut gelungen./Der Kleber besteht aus zwei Komponenten.

2 **a)** und **b)**

	Sprache	**Plural**	**Verb**	**Genitiv**	**Adjektiv**
Expansion	lat.	Expansionen	expandieren	Expansion	expansiv
Distanz	lat.	Distanzen	distanzieren	Distanz	distanziert
Konzept	lat.	Konzepte	konzipieren	Konzepts	konzeptionell
Profit	frz.	Profite	profitieren	Profits	profitabel
Vegetation	lat.	–	vegetieren	Vegetation	vegetativ

Seite 32

3 **b)**

Trennung: In | ge | ni | eur Aussprache: [inʒeˈniøːr]
Genitiv: des Ingenieurs Plural: die Ingenieure
Herkunft (Sprache): frz. Abkürzung: Ing.

Bedeutung: auf einer Hoch- oder Fachhochschule ausgebildeter Techniker
Verwandte Wörter: Ingenieurökonom, ingenieurtechnisch, ingeniös

4

Abkürzung	**Bedeutung**		
AG	Arbeitsgemeinschaft/Arbeitsgruppe	bzw.	beziehungsweise
s. o.	siehe oben	u. a.	und andere/unter anderem
vgl.	vergleiche	Lkw	Lastkraftwagen
z. B.	zum Beispiel	MwSt.	Mehrwertsteuer
Abk.	Abkürzung	d. h.	das heißt
dt.	deutsch	Jh.	Jahrhundert
ggf.	gegebenenfalls	EU	Europäische Union
gez.	gezeichnet	z. T.	zum Teil

5 **a)** Was steht denn auf dem Etikett der Hose?
b) Ich kann die Beschriftung des Etiketts nicht lesen.
c) Der Preis kann nicht stimmen. Das ist bestimmt falsch etikettiert.
d) Benimm dich! Hier achtet man sehr auf die Etikette.

Seite 33

6 *So könnte deine Lösung aussehen:*
Konflikte: Streitfälle, Auseinandersetzungen
registriert: bemerkt, erfasst, vermerkt, erkannt
Resultat: das Ergebnis, den Abschluss, den Ausgang, die Lösung
Kontrahenten: Gegner, Gegenspieler, Widersacher
profitieren: gewinnen, einen Vorteil haben

7

Grundform (Infinitiv)	**Vergangenheit (Präteritum)**
singen	Melissa sang ein Lied.
streiten	Theo stritt mit seinem Bruder.
frieren	Anna fror, weil es so kalt war.
messen	Orhan maß die Länge des Brettes.

8 **a)** und **b)**
1. Satz: leiten – etwas führen, den Weg weisen, etwas weitergeben
2. Satz: leiden – Schmerzen/eine schlimme Situation ertragen, Kummer haben

c) der Leidtragende, die Leitfigur, Ableitungsleiter, seine Leidensgeschichte

d) Weise – Waise, Lärche – Lerche, Kreis – Greis, Rad – Rat, Seite – Saite, Mais – Reis

Seite 34

1 alle = Numerale (G)
konkrete = Adjektiv (C)
ihnen = Pronomen (E)
verdienen = Verb (B)
dass = Konjunktion (F)
einer = Artikel (H)

2 **a)** *So könnte deine Lösung aussehen:*
Die Wahl eines passenden/interessanten/geeigneten (C) Berufes ist nicht leicht. Viele/Manche/Einige (G) Jugendliche sind in dieser Situation überfordert. Da/Wenn/Weil (F) sie Hilfe brauchen, ist der Berufsberater gefragt. Er kennt sich gut aus auf (D) dem Arbeitsmarkt.

b) siehe Buchstaben in Klammern

3 ihren Fingern – sichersten Methoden – vielen Lehrern – der Lehrkräfte – den Fingern

4 Die meisten Jugendlichen in Deutschland sind mit ihrem Leben zufrieden. Familie und Freunde, bei denen sie sich geborgen fühlen, sind ihnen besonders wichtig.

Seite 35

5

Präpositionen	Konjunktionen	Adverbien
auf, in, unter, an, vor, mit	und, aber, weil, oder, als	jetzt, morgen, tagsüber, nun, schließlich

6 *So könnte deine Lösung aussehen:*
Fahrerlose U-Bahnen und/oder Züge gibt es schon/bereits lange. Demnächst werden Autos und Busse, die ohne Fahrer im Straßenverkehr herumkurven, zum Alltag gehören. Autonome Fahrzeuge steuern mittels/über/mit Sensoren eine vorher programmierte Strecke. Das Ziel wird über/in ein Navigationsgerät eingegeben, welches sofort/dann aktuelle Daten empfängt und verarbeitet. Wer aber/jedoch haftet bei Unfällen? Diese Frage sollte zunächst geklärt werden.

7 *So könnte deine Lösung aussehen:*
Kinder brauchen im Familienleben feste Regeln. Wie sie/diese gestaltet werden, hängt von den Eltern ab. Wenn diese eher großzügig sind, gehen sie oft lockerer mit den Regeln um. Merkt das Kind, dass Regeln nur manchmal gelten, wird es sich nicht unbedingt an ihnen/diesen orientieren, sondern am Verhalten seiner Eltern.

Seite 36

1

Infinitiv	schreiben	halten	gehen	bleiben
Präsens	ich schreibe	es hält	wir gehen	sie bleiben/bleibt
Präteritum	ich schrieb	es hielt	wir gingen	sie blieben/blieb
Perfekt	ich habe geschrieben	es hat gehalten	wir sind gegangen	sie sind/ist geblieben
Plusquamperfekt	ich hatte geschrieben	es hatte gehalten	wir waren gegangen	sie waren/war geblieben
Futur	ich werde schreiben	es wird halten	wir werden gehen	sie werden/wird bleiben

2 Als unsere Großeltern jung waren, kannten sie weder Computer noch Smartphone. Meine Oma spricht heute noch oft von dem Tag, als ihre Eltern ein Telefon bekamen. Telefonieren durften die Kinder immer erst, nachdem sie ihren Vater um Erlaubnis gefragt hatten. Ihr neues Smartphone benutzt meine Oma täglich. Bei meinem letzten Besuch verriet sie mir, dass sie sich demnächst einen Laptop kaufen wird.

1 Einige Schüler halten das Handyverbot nicht ein. (Aktiv)
Wichtige Termine werden vom Schulforum festgelegt. (Passiv)

Seite 37

2 **a)** wurde aufgefunden – wurde vermisst – (konnte) aufgespürt werden

b) Die Polizei fand einen Rentner in einem Waldstück bei Bamberg gesund und wohlbehalten auf. Seine Angehörigen vermissten den Mann bereits seit drei Tagen. Schließlich konnte ein Polizeihubschrauber den Gesuchten aufspüren.

3 Konjunktiv: Elli meint, sie könne nichts essen.
Umschreibung: Elli meint, sie würde nichts essen können.

4 **a)** Die Polizei vermeldete, der Gesundheitszustand des aufgefundenen Mannes sei erstaunlich gut. Der Rentner gab zu Protokoll, er habe sich beim Sammeln von Pilzen verlaufen. Da er früher Pfadfinder gewesen sei, hätte er sich zu helfen gewusst und genug Essbares gefunden.

b) „Ich habe mich beim Sammeln von Pilzen verlaufen. Da ich früher Pfadfinder gewesen bin, habe ich mir zu helfen gewusst und genug Essbares gefunden.“

Seite 38

1

Wer oder was? = Subjekt
Was tut sie? = Prädikat
Wem? = Dativobjekt
Wen oder was? = Akkusativobjekt

2

Wann fahren sie ...? = adverbiale Bestimmung der Zeit
Was tun sie? = Prädikat
Wer oder was? = Subjekt
Wozu/Warum fahren sie ...? = adverbiale Bestimmung des Grundes
Wie/Womit fahren sie ...? = adverbiale Bestimmung der Art und Weise
Wohin/Wo fahren sie ...? = adverbiale Bestimmung des Ortes

Seite 39

3 **a)** Zuerst erklärt der Trainer den Mädchen die wichtigsten Handgriffe.
Den Mädchen erklärt der Trainer zuerst die wichtigsten Handgriffe.
Die wichtigsten Handgriffe erklärt der Trainer den Mädchen zuerst.

Er erläutert jedem Teilnehmer ganz genau die Sicherheitsregeln.
Jedem Teilnehmer erläutert er ganz genau die Sicherheitsregeln.
Die Sicherheitsregeln erläutert er jedem Teilnehmer ganz genau.

b)

Subjekt: der Trainer/er
Prädikat: erklärt/erläutert
Dativobjekt: den Mädchen/jedem Teilnehmer
adverbiale Bestimmung: zuerst (der Zeit)/ganz genau (der Art und Weise)
Akkusativobjekt: die wichtigsten Handgriffe/die Sicherheitsregeln

c) Subjekt: die Trendsportart Wakeboarden; sie; man; ein Boot oder eine Art Schleppliftanlage
Prädikat: kommt; ist geworden; bewegt sich; liefert
Akkusativ-Objekt: die nötige Zugkraft
adverbiale Bestimmung der Zeit: seit wenigen Jahren
adverbiale Bestimmung des Ortes: aus den USA; bei uns; auf dem Wasser
adverbiale Bestimmung der Art und Weise: auf einer Art „Snowboard“ auf dem Wasser

4 **a)** Viele Sportbegeisterte | warten | am Abfahrtssteg. Alle | leihen sich | zuerst | eine Schwimmweste | aus. Zum Start | muss | man | auf dem Steg | sitzen. Die Füße | werden | parallel | auf das Brett | gestellt. Dann | geht | es | los. Natürlich | liegen | die Anfänger | zuerst einmal | im Wasser. Schon bald | dreht | jeder | ein paar rasante Runden | auf dem See. Die meisten | werden | am Abend | einen kräftigen Muskelkater | verspüren.

b) Prädikat

5

Verb	Dativobjekt	Akkusativobjekt
ausprobieren	–	z. B. den Tennisschläger
versprechen	z. B. dem Freund	z. B. die Treue
helfen	z.B. dem Kind	
begegnen	z. B. dem Nachbarn	–
anmelden	–	z. B. die Teilnehmer
zeigen	z. B. der Freundin	z. B. das Geschenk

Seite 40

6 **a)** gleich nebenan: O; aus Begeisterung: A; den ganzen Tag über: Z; fast täglich: Z; im Wasser: O; mit wilden Sprüngen: A; zwischendurch: Z; wegen der Hitze: G; wie ein großes Karussell: A

b) Die Seilbahn dreht sich im Wasser wie ein großes Karussell.
Wegen der Hitze herrscht den ganzen Tag über Hochbetrieb.
Wer genug vom Wasser hat, kann gleich nebenan Beachvolleyball spielen.
Einige Hartgesottene kommen aus Begeisterung fast täglich.
Ein Profi taucht zwischendurch auf und zieht mit wilden Sprüngen die Aufmerksamkeit auf sich.

Seite 41

1 Eintrag der Konjunktionen in dieser Reihenfolge: da – obwohl – dass – dennoch

2 *So könnte deine Lösung aussehen:*
Marie Curie erforschte mit ihrem Mann Pierre die radioaktive Strahlung bestimmter Stoffe, obwohl diese Strahlung sehr gesundheitsschädlich war.
Marie Curie erforschte mit ihrem Mann Pierre die radioaktive Strahlung bestimmter Stoffe, aber diese Strahlung war sehr gesundheitsschädlich.
Man wusste damals noch nichts über die gesundheitlichen Auswirkungen, deshalb gingen die Forscher recht sorglos mit radioaktiven Stoffen um.
Man wusste damals noch nichts über die gesundheitlichen Auswirkungen, sodass die Forscher recht sorglos mit radioaktiven Stoffen umgingen.

3 *So könnte deine Lösung aussehen:*
John Dalton, der bereits mit 12 Jahren als Lehrer unterrichtete, entwickelte eine grundlegende Theorie über den Aufbau der Stoffe.
Mit dem Kugelmodell der Atome, das nur eines von vielen ist, können viele chemische Vorgänge erklärt werden.
Das Wort Atom, das so viel wie „unteilbar" bedeutet, stammt aus dem Griechischen.

Seite 42

1 *So könnte deine Lösung aussehen:*
Gartengeräte
Schreibgeräte
Sitzmöbel
Baustoffe

2 *So könnte deine Lösung aussehen:*
veranstaltet
betreut
fertigen
beteiligt sich

3 *So könnte deine Lösung aussehen:*
verärgern – der Ärger, ärgerlich, ein Ärgernis
Konkurrenz – konkurrieren, der Konkurrent, konkurrierend
Widerstand – widerstehen, widerständig, unwiderstehlich

4 **a)** seinen Senf dazugeben = sich in ein Gespräch einmischen
in den Seilen hängen = erschöpft und müde sein
Nägel mit Köpfen machen = eine Sache gut und richtig machen
b) *So könnten deine Sätze lauten:*
Gib nicht zu jedem Thema deinen Senf dazu!
Nach dem Sport hänge ich immer total in den Seilen.
Entscheide dich und mach endlich Nägel mit Köpfen!

Seite 43

1 **a)** und **b)**
Das Lieblingsfrühstück steht bereit, die Wäsche ist gewaschen und gebügelt, die Reste vom nächtlichen Imbiss sind weggeräumt. In einem gut geführten Hotel ist aufmerksamer Service selbstverständlich. Gibt es so etwas auch kostenlos? Das volle Dienstleistungsprogramm genießen viele junge Leute – auch wenn sie längst volljährig sind – im „Hotel Mama".

2 **a)** bis **c)**
„Warum sollte ich ausziehen?", meint Thorsten. In einem Interview gab er zu: „Es ist bequem, ich spare viel Geld und muss mich nicht dauernd um den Haushalt kümmern."
d) Der junge Mann wohnt mit 25 Jahren noch zu Hause, obwohl er sich eine eigene Wohnung leisten könnte. Seine Eltern haben nichts dagegen, dass ihr erwachsener Sohn bei ihnen wohnt.

3 **a)** bis **e)**
Erwachsene „Nesthocker" sind – statistisch betrachtet – überwiegend männlich und leben häufiger auf dem Land. Nicht immer verläuft das Zusammenleben reibungslos. Die meisten Eltern, aber durchaus nicht alle, wünschen sich, dass ihre Kinder endlich auf eigenen Beinen stehen. Vor allem den Müttern fällt es jedoch oft nicht so leicht loszulassen, was dazu beiträgt, den Auszug aus dem Elternhaus hinauszuzögern.

Seite 44

4 **d)** Die Kälte kriecht langsam von den Fußspitzen in alle Körperteile. Es ist die Enge, die Dunkelheit, die Unsicherheit, die einen an den Rand des Wahnsinns bringen kann. Von draußen dringen gedämpfte Stimmen durch die Schneemassen: „Such, Hexe!" Bergwachtausbilder Franz Meyer befiehlt und Hexe sucht. Die schwarze Hündin schnüffelt, gräbt mit ihren Vorderpfoten den Schnee auf. Ist da was? Nach drei Minuten lugt ihre Schnauze durch ein kleines Loch, eine Minute später steht sie wedelnd in der Enge des Schneelochs.
Es knattert, Schnee staubt auf. Ein Rettungshubschrauber der Bundeswehr fliegt Hunde und Bergwachtmänner des Bayerischen Roten Kreuz ein. Eine rostrote Qualmwolke weist den Piloten den Weg. „Trotz Hubschrauber - wir kommen meist zu spät", sagt das Herrchen von Hexe, Franz Meyer. Er senkt dabei den Kopf. Nur ein Fünkchen Hoffnung habe er bei Lawinenabgängen. „Das reicht, um uns zu motivieren."

5 **b)** Unter der Alpspitznordwand beim oberbayerischen Garmisch- Partenkirchen suchen am Mittwoch 21 Männer und 26 Hunde bei einer Übung nach „Verschütteten". Als der Morgen graute, gingen nahe der Pisten Schneebretter ab. Jetzt sind die Hunde am Bellen, Schnüffeln, Graben. Die Männer der Bergwacht schreien ihre Hunde an: „Hier hin, komm Droll." Die Bergwacht übt wie so oft. Die Lawinen haben sie mit Sprengstoff ausgelöst und die „Verschütteten" haben sich in Schneelöcher eingraben lassen. (...) Im vergangenen Jahr starben in den bayerischen Alpen drei Menschen in Lawinen. Im österreichischen Jamtal kamen acht Skifahrer ums Leben, die eine Lawine ausgelöst hatten. Wer verschüttet wird, ist meist verloren. Wenn eine Lawine ausgelöst ist, so rät Beeker, sollten Skifahrer sofort die Ausrüstung von sich werfen. Sein Rat: „Danach schnell zusammenkauern und Schwimmbewegungen machen. Dann hilft nur noch Hoffen auf ein Wunder."

Aufzählung – Satzgefüge – Einschub/Erklärung

Seite 45

1

Plätze – Platz	B	Erfahrung	A
Arbeits-stelle	D	die Arbeit	G
laufend – laufende	C	nass	F
etwas Besonderes	H	besteht – bestehen	E

2 **a)**
A (Ich achte auf die Endung und prüfe die Wortart.)
G (Ich führe die Artikelprobe durch.)
H (Ich achte auf das Begleitwort/Signalwort.)
b) und **c)**
des Zuhörens (G) – eine sprachliche Basiskompetenz (H/G) – tagtäglich (A) – einen Großteil (G) – unseres Wissens (H/G) – von klein auf (H) – durch Beobachten und durch Zuhören (H/G) – ein geringer Bruchteil (H/G) des natürlichen Lernens (H/G) – Belehrungen (A)

Seite 46

1 **a)** *So könnte deine Antwort lauten:*
das: wenn man dieses, jenes oder welches dafür einsetzen kann
dass: ist eine Konjunktion und leitet einen Nebensatz ein

b) Es ist kaum zu glauben, **dass** diese Unterscheidung so schwer ist. Ein Wort, **das** so häufig vorkommt, sollte man richtig schreiben. Aber **das** ist ja gerade **das** Problem. Es stiftet Verwirrung, **dass das** kleine Wörtchen einen immer wieder aufs Glatteis führt. Die Verwendung der Konjunktion „**dass**" kann man trainieren. Hilfreich ist aber auch **das** probeweise Ersetzen des Wortes durch „dieses" oder „welches". Klappt **das** Einsetzen nicht, musst du „**dass**" schreiben.

2 Die Ergebni**ss**e der Befragung zur Gestaltung unseres Schulfe**s**tes wurden ge**s**tern in der Schülerversammlung besprochen. Die Schüler der unteren Kla**ss**enstufen stimmten erwartungsgemä**ß** für das Motto „Spiel und Spaß". Einige Schüler favori**s**ierten zwar die Devi**s**e „Party ohne Grenzen", die**s**e Idee landete aber als unangeme**ss**en im Papierkorb. Rigoro**s** abgewie**s**en wurde der Vorschlag, da**s** Ganze ins Freibad zu verlegen. Eine Teilnehmerin äu**ß**erte sich be**s**onders kritisch. Sie war der Meinung, da**ss** solche Veranstaltungen nicht mehr zeitgemä**ß** seien. Damit lö**s**te sie allerdings einen Sturm der Entrü**s**tung aus. Am Schlu**ss** wurde nach lebhafter Disku**ss**ion beschlo**ss**en, da**ss** eine abschlie**ß**ende Lösung des Problems bei der nächsten Sitzung gefunden werden mu**ss**.

3 regelmäßig, dass, beweisen, außerhalb

Seite 47

1 ~~Ich~~/ich, Ihnen/~~ihnen~~, Ausfüllen/~~ausfüllen~~, Angaben/~~angaben~~, Sie/~~sie~~, Ihrem/~~ihrem~~, Erfahrung/~~erfahrung~~, ~~Sie~~/sie, Tagen/~~tagen~~, Ihnen/~~ihnen~~

2 Morgen – mittags – tägliche – (einige) Wochen lang – Montag früh

3 Unsere Schulverpflegung entspricht oft nicht den Prinzipien gesunder Ernährung. Viel zu viele Kinder und Jugendliche sitzen ohne Frühstück in der Schule und werden so, nach ein bis zwei Stunden Unterricht, vom Heißhunger regelrecht überrollt. Mangels Angebot oder auch aus Zeitgründen greifen dann die meisten auf etwas Süßes zurück.

Seite 48

1 Zukunftschancen – Wettbewerbsbeitrag – umweltbelastende (Stoffe) – meterhoher (Schnee)

2 **b)** Privat-sender, Existenz-grundlage, Werbe-spots, Milliarden-beträge, best-platzierte, Zeit-fenster, mitten-drin, weg-zappt, Kinder-sendungen, Werbe-block, unter-brochen, Werbe-zeit, über-schritten, Privat-sender, Werbe-schnitt-redakteure, hinein-komponiert, Handlungs-strang, Kamera-schwenk

3 selbstbewusst – frei sprechen – stecken bleibt – herunterspielen – falschliegen – bestenfalls – entgegenzusetzen – zurückzunehmen – widersprechen

Seite 49

1 **a)** und **b)** Köder, bekannt, Entzug, mäßig, Vorlage, vergüten

c) *So könnte deine Lösung aussehen:*
charmant – Chance, Prestige – Courage, physisch – Phase, Sabotage – Garage, Installateur – Monteur, Chauffeur – Charmeur

2 *So könnte deine Lösung aussehen:*
kontrollieren, Konferenz ...
Produkt, provozieren ...
Philosoph, physikalisch ...
evakuieren, absolvieren ...
Experte, extrem ...
Sensation, Kommunion ...
antik, Motorik ...
offiziell, kulturell ...

3 Handballmatch, konkurrierenden, hektische, sensationell

Seite 50

1 *So könnte deine Antwort lauten:*
Es reichte ihm, er wollte nicht mehr so weitermachen. Deshalb nahm er seine Sachen und ging weg. Wenn jemand die Nase voll hat, möchte er etwas ändern, weil es ihm so nicht mehr passt. Seine Siebensachen packen heißt, alles mitnehmen, was einem gehört, um wegzugehen.

2 A sich ganz besonders anstrengen
B verzweifelt, entsetzt sein
C sich selbst schaden
D etwas Unrechtes tun, schuldig werden
E losgehen, aufbrechen
F vorsichtig sein

Buchstabenfolge der Lösung: D – C – B – F – E – A

3 das Handtuch werfen = aufgeben
Im Textzusammenhang bedeutet es, dass die meisten Jugendlichen aus den im Text genannten Gründen ihre Ausbildung abbrechen.

(nicht) in Einklang bringen = nicht miteinander vereinbaren können, nicht zusammenpassen Im Text wird damit ausgedrückt, dass die Vorstellungen der Jugendlichen nicht mit den tatsächlichen Anforderungen im Beruf übereinstimmen.

4 **a)** aus dem Rahmen fallen/im Bilde sein

Seite 51

b) *So könnte deine Antwort lauten:*
Wer aus dem Rahmen fällt, hält sich nicht an bestimmte Regeln und fällt deshalb unangenehm auf. Wer im Bilde ist, der weiß Bescheid, kennt sich aus. Damit ist gemeint, dass es nicht unbedingt ein Zeichen von Klugheit ist, wenn man negativ auffällt.

5 *Individuelle Lösungen*
Beispiele: Beim Sportfest in der Schule zeigt eine Schülerin mehr als deutlich, wie wenig Lust sie hat. Die Sportlehrerin meint: „Na, du reißt dir ja nicht unbedingt ein Bein aus."
Mein Freund ruft an und fragt, ob ich Lust habe, mit ihm wegzugehen. Ich freue mich und sage: „Klar! Ich mach mich gleich auf die Socken."

6 **a)** sprachliche Bilder: die Hitze war mörderisch – Kanäle stanken zum Himmel – der Regen stand wie eine gläserne Wand vor den Fenstern – Ich kam mir ganz verloren vor in diesem Meer von fremden Gesichtern.

b) *Individuelle Lösungen*
Beispiel: „...der Regen stand wie eine gläserne Wand vor den Fenstern."
Es regnet so stark, dass die Erzählerin sich eingesperrt vorkommt. Sie kann zwar hinausblicken, aber es scheint kein Durchkommen zu sein.
„Ich kam mir ganz verloren vor in diesem Meer von fremden Gesichtern."
Die Erzählerin ist von sehr vielen Menschen umgeben, aber sie sind ihr alle fremd. Sie ist anders, gehört nicht dazu und fühlt sich deshalb allein gelassen.

7 **a)** Die großen Fische fressen die kleinen.

b) *So könnte deine Antwort lauten:*
Durch die Globalisierung gibt es Gewinner und Verlierer. Die großen Firmen oder die reichen Staaten machen Gewinne, die kleinen Betriebe und die armen Länder haben keine Chance.

Seite 52

1 Schlüsselbegriffe: Schulsanitäter – Situationen in Schulen – wählen Notruf – überbrücken die Zeit – nicht die schweren Einsätze – kleinere Wunden oder Prellungen – in Nürnberg – bilden Schulsanitäter aus

2 *So könnte deine Antwort lauten:*
In dem Text geht es um die Ausbildung von Schulsanitätern und welche Aufgaben sie zu erfüllen haben. Schulsanitäter entlasten an den Schulen die Rettungskräfte, weil sie Wartezeiten überbrücken und kleinere Verletzungen versorgen können.

Seite 53

3 *So könnte deine Antwort lauten:*
a) Wenn es keine Schulsanitäter gäbe, würde die Versorgung von Verletzten an Schulen nicht so einfach zu schaffen sein.

b) *Individuelle Lösungen*
Beispiele: Ersthelfer an Schulen entlasten Rettungsdienste/Schulsanitäter sind gefragte Leute/Was machen Schulsanitäter?

4 *So könnte deine Antwort lauten:*
- wählen bei ernsteren Fällen den Notruf
- überbrücken die Wartezeit mit Erste-Hilfe-Behandlungen
- versorgen kleinere Wunden oder Prellungen selbst
- kümmern sich um Kinder mit Kopfschmerzen, Übelkeit, Kreislaufschwäche

5 *Individuelle Lösungen*

Seite 54

1 *So könnte deine Lösung aussehen:*
Zeit: November – am späten Nachmittag
Ort: Schwimmbad/Hallenbad – Straße – Marktplatz
Personen: Hassan – Marion – Harry (Marions Freund), Gerd und Stefan
Handlung: Marion im Schwimmbad getroffen – Marion hatte ihn gefragt, ob er sich zu ihr legen wolle – Marions Freund – war auf jede eifersüchtig – in Gedanken den Nachmittag noch mal durchleben – plötzlich redeten sie – wie sie es früher schon oft getan hatten – immer waren andere dabei, nur an diesem Nachmittag nicht – merkten nicht, wie Gerd (Freund von Harry) sie eine Zeit lang beobachtete – Hassan ein ganz warmes Gefühl im Bauch – fuhr Straße hinunter zum Marktplatz – Schreibwarengeschäft – als Harry, Gerd und Stefan aus dem Halbdunkel auf ihn zutraten

2 **a)** *So könnte deine Antwort lauten:*
Die Überschrift „Alles klar" kann man unterschiedlich deuten. Für Harry, Marions Freund, ist klar, dass Hassan sich an Marion „rangemacht" hat, und er ist eifersüchtig. Für ihn und seine Freunde ist daher vermutlich klar, dass Hassan eine Abreibung braucht. Hassan dagegen ist voller Freude darüber, wie gut er sich mit Marion versteht. Für ihn ist jetzt klar, dass sie ihn auch mag.

b) *Individuelle Lösungen*
Beispiele: Eine schöne Freundschaft mit bösen Folgen?/Hassan verliebt sich in Harrys Freundin/ Eigentlich ist doch nichts passiert .../Eine Geschichte von Liebe und Eifersucht

Seite 55

3 **a)** *So könnte deine Antwort lauten:*
Hassan ist verliebt in Marion – verstehen sich beide, wenn keiner dabei ist, sehr gut – Marions Freund Harry erfährt davon – bedroht wahrscheinlich Hassan gemeinsam mit zwei Kumpeln

b) *Individuelle Lösungen*

4 *So könnte deine Antwort lauten:*
In dem Text „Alles klar" von Reiner Engelmann geht es um Hassan, der in Marion verliebt ist und durch ein zufälliges Treffen mit ihr einen Konflikt mit Marions Freund Harry riskiert.

5 *So könnte deine Antwort lauten:*
Hassan ist total glücklich und sehr verliebt – Marion hat ihn angesprochen, waren sich sehr nahe – er kann es kaum fassen – sie haben sich über alles Mögliche unterhalten, wie früher – er fühlt sich unglaublich wohl – freut sich über den harmonischen Nachmittag

6 *So könnte deine Antwort lauten:*
Hassan wird schlagartig aus seiner glücklichen Stimmung gerissen. Er muss damit rechnen, dass es zu einer harten Auseinandersetzung mit Harry und seinen Freunden kommt.

7 *So könnte deine Antwort lauten:*
In dem Text „Alles klar" von Reiner Engelmann geht es um Hassan, der in Marion verliebt ist und durch ein zufälliges Treffen mit ihr einen Konflikt mit Marions Freund Harry riskiert.
Hassan trifft Marion, die er schon länger kennt und mag, zufällig im Schwimmbad und die beiden kommen sich beim freundschaftlichen Reden über alles Mögliche recht nahe. Hassan ist überglücklich. Marions eifersüchtiger Freund Harry erfährt von dem harmonischen Treffen der beiden. Gemeinsam mit zwei Freunden passt er Hassan auf dem Heimweg ab. Es bahnt sich ein Konflikt an.

Seite 56

1 *Individuelle Lösungen*
Beispiele: Autisten – veränderte Wahrnehmung – fehlt Partyfilter – schmerzhaft – verschiedene Arten von Wahrnehmung – Verhalten wirkt befremdlich – versuchen klarzukommen – können Stimmung nicht ablesen – nicht weniger intelligent – Einschränkungen – mehr Kontakt

Seite 57

2 *So könnte deine Antwort lauten:*
Probleme: veränderte Wahrnehmung: riechen, hören, schmecken, fühlen anders; können nicht ausblenden, fallen auf, werden ausgelacht, für dumm gehalten
Verhaltensweisen: reagieren nicht wie andere: „merken" nicht, wenn etwas heiß ist; werfen sich schreiend auf den Boden; laufen davon, um nicht berührt zu werden; sprechen nicht
Gründe dafür: Autisten empfinden Berührungen, Geräusche als schmerzhaft; können bestimmte Sinnesreize nicht aushalten, können sich nicht

anders wehren; können Gesichtsausdruck bei Menschen nicht richtig deuten
Fähigkeiten: können mitfühlend sein; sind nicht weniger intelligent als andere; können z. B. Physik studieren, aber kein Brot schmieren

3 **a)** *So könnte deine Antwort lauten:*
Durch ihre veränderte Art der Wahrnehmung haben Autisten Probleme im Alltag.
Sie reagieren nicht wie andere und fallen durch ihr Verhalten auf.
Das Empfinden von starken Schmerzen und die Unfähigkeit, Gefühle zu deuten, sind Gründe dafür. Autisten sind nicht weniger intelligent und einige haben besondere Fähigkeiten.
b) *So könnte deine Antwort lauten:*
In dem Text geht es um die Probleme von Autisten. Es werden Gründe für das auffällige Verhalten dieser Menschen erläutert und man erfährt etwas über ihre Fähigkeiten. Der Text fördert durch Informationen das Verständnis für Autisten.

Seite 58

1 *Individuelle Lösungen*
Beispiele: Selbsteinschätzung – tatsächlichen Fähigkeiten – Anfänger – Gefahren der Geschwindigkeit – Gefühl für Gefahren durch Straßenverhältnisse und Witterung – Unfallarten – charakteristisch – wegen unangepasster Geschwindigkeit – Samstag und Sonntag – in den frühen Morgenstunden – Heimweg – Alkohol – lebensgefährlich

2 *So könnte deine Antwort lauten:*
Junge Fahranfänger neigen dazu, Gefahren zu unterschätzen und das eigene Können zu überschätzen.
Unangepasste Geschwindigkeit ist häufig Unfallursache, vor allem, wenn junge Leute am Wochenende mit Freunden unterwegs sind und Alkohol mit im Spiel ist.

3 *So könnte deine Antwort lauten:*
Das Schaubild zeigt, dass das Unfallrisiko in der jüngsten Altersgruppe sehr hoch ist, allmählich sinkt und auf einem niedrigen Niveau bleibt. Erst im hohen Alter ergibt sich wieder ein erhöhter Risikofaktor.

Seite 59

1 *Individuelle Lösungen*

2 **a)** *So könnte deine Antwort lauten:*
Manons Oma kennt keine CDs und kann zunächst nichts damit anfangen. Deshalb sieht sie diese „Glitzerscheibchen" als wertlos an.

b) *So könnte deine Antwort lauten:*
Manon möchte ihrer Oma mit den Grüßen des netten Verkäufers eine Freude machen. Aber dann merkt sie, dass die Oma diese schöne Erinnerung verloren hat.

3 *So könnte deine Antwort lauten:*
„Er war einer von denen, die bis zum Schluss nett zu ihr waren und zu mir auch,..." (Z. 40 ff.)

Seite 60

1 *So könnte deine Antwort lauten:*
In allen Materialien geht es um Kinderarbeit in Deutschland sowie um die rechtlichen Bestimmungen dazu früher und heute.

Seite 61

2 **a)** und **b)**
- M1 Es gibt viele Kinder, die arbeiten wollen. Z. 8–10; Z. 36 f.
- M1, M2, M3 Kinderarbeit ist in Deutschland illegal. M1 Z. 6–8; M2 Z.4; M3 Z. 6 f.
- M1 Das Jugendarbeitsschutzgesetz wird nicht immer eingehalten. Z. 39–44
- M3 Kinderarbeit war früher in Deutschland ganz normal. Z. 13–15
- M2 Ferienjobs und leichte Tätigkeiten sind erlaubt. Z. 6–7
- M1 Kinderarbeit ist wichtig für Familien mit geringem Einkommen. Z. 15–21
- M3, (M1) Manche Kinder arbeiten nicht freiwillig. M3 Z. 35–38; M1 Z. 45–49

Seite 62

3 *So könnte deine Antwort lauten:*

Arbeiten, die Kinder bei uns oft ausüben	• Besorgungen erledigen • auf dem Bauernhof arbeiten • kellnern • Zeitungen austragen	M1 M3
Beispiele für verbotene Arbeiten	• länger als 2 Stunden täglich, bzw. 3 (Landwirtschaft) • zwischen 18 und 8 Uhr • vor dem/während des Schulunterrichts • für Kinder unter 13 Jahren	M2 M1, M2
Gründe, weshalb Kinder arbeiten wollen	• Taschengeld aufbessern • Selbstbewusstsein stärken • zum Lebensunterhalt beitragen • sich nicht langweilen	M1

4 *So könnte deine Antwort lauten:*
Max muss sich entsprechend den Bestimmungen des Jugendarbeitsschutzgesetzes § 5 (3) eine leichte Tätigkeit suchen, die er am Nachmittag außerhalb der Schulzeit ausüben kann. Er braucht dazu das Einverständnis seiner Erziehungsberechtigten und er darf maximal zwei Stunden, in der Landwirtschaft drei Stunden, täglich arbeiten. Eine gute Möglichkeit ist das Austragen von Werbeprospekten oder das Erledigen von Besorgungen, z. B. für ältere Leute.
Er könnte sich aber auch gemäß § 5 (4) eine Ferienarbeit für höchstens vier Wochen suchen.

5

	Heute	**Im 19. Jahrhundert**
Altersgrenzen	ab 13 Jahren mit Einwilligung der Eltern, ansonsten ab 15 Jahren	keine
Arbeitszeiten	nicht mehr als 2 h tgl., in der Landwirtschaft 3 h tgl.	mindestens 12 h, manchmal länger; 6 Tage in der Woche

6

Kinderarbeit in Deutschland	Kinderarbeit in anderen Ländern
ist meistens freiwillig	oft nicht freiwillig
können jederzeit aufhören	müssen arbeiten (Pflicht)
macht vielen auch Spaß	ist oft sehr belastend
ist zum Teil verboten	gilt als völlig normal
nur leichte Arbeiten gesetzlich genau geregelt	zum Teil schwere, gefährliche Arbeit

Seite 64

2 *Individuelle Lösungen*
Beispiel:

Die „Vogelalte" auf dem Balkon
- füttert regelmäßig die Vögel mit Brotkrumen, schaut ihnen zu
- dicke, alte Frau auf Krücken, läuft auf dem Balkon hin und her und bewegt sich langsam und bedächtig
- ist eines Tages nicht mehr da, verstorben, und eine andere bewohnt nun ihr Zimmer

Marion am Fenster
- macht regelmäßig Hausaufgaben und beobachtet von Zeit zu Zeit die „Vogelalte"
- stellt sich manchmal Fragen, wie die alte Frau früher aussah, ob sie Kinder hat …
- vermisst die Frau, als sie Tage, Wochen wegbleibt, bis sie versteht, dass die „Vogelalte" gestorben ist – denkt darüber nach

3 *So könnten deine Antworten lauten:*
a) macht jeden Tag um die gleiche Zeit dasselbe/ist sehr dick, stützt sich auf Stöcke/ist körperlich unbeholfen, hat krumme Beine/trägt immer einen altmodischen schwarzen Mantel
b) „Jetzt wartet Marion. Die Alte fehlt ihr. Sie hatte sich an ihren Anblick, an ihr Dasein gewöhnt." (Z. 89–91) oder „Noch nicht mal zugewinkt hatte sie ihr. Dabei war es ihr jetzt, als wäre etwas, was sie sehr lieb hatte, fortgegangen." (Z. 105–107)

4 *So könnte deine Lösung aussehen:*
a) *Individuelle Lösungen*

b)

Merkmale einer Kurzgeschichte	Zeilenangabe und Erklärung
keine Einleitung	Z. 1: Die Geschichte beginnt mittendrin. Ohne Hinführung landet man unmittelbar in der Situation, in der Marion Hausaufgaben macht.
offener Schluss	Z. 109–112: Marion denkt über das Leben und den Tod nach und damit hört der Text plötzlich auf. Das Thema ist nicht zu Ende gebracht, es ergeben sich Fragen daraus.
Alltagssituation	Z. 1–8, 15–17: Marion macht jeden Tag um dieselbe Zeit Hausaufgaben und beobachtet dabei eine alte Frau auf ihrem Balkon. Das ist eine ganz alltägliche Situation.
kurze, auch unvollständige Sätze	Kurze, auch unvollständige Sätze findet man an mehreren Stellen im Text, z. B. ab Zeile 30: „Kein bisschen. Eher sehr beschwerlich. [...] Langsam. Ganz langsam. Wie das Pendel einer riesigen Uhr. Hin-tick, nach links, her-tack, nach rechts."
Aufzählungen, Wiederholungen	Eine Aufzählung mit Wiederholung zur Verstärkung der Aussage verwendet die Autorin z. B. bei der Zeitangabe: „Irgendwann zwischen drei und vier, immer zwischen drei und vier, nie früher und nie später, [...]." Z. 17–19

Seite 65

1 **a)** und **b)** *So könnte deine Antwortt lauten:*
Der Ich-Erzähler findet Hochsprung gut, weil er das sehr gut kann. Was er überhaupt nicht mag, ist so ein Sportunterricht, in dem sich alles um Fußball und Kondition dreht.

Seite 66

2 *So könnte deine Antwort lauten:*
Frau Beilcke ist Sportlehrerin. Sie unterrichtet die Mädchen im Hochsprung, wobei sie viel redet und die Mädchen viel rumsitzen.
Wolkow ist Sportlehrer und Fußballfan. Er hat eine super Kondition, lässt die Jungs stundenlang laufen und redet dabei ununterbrochen über Fußball.
Hans ist ein Schüler, der sich bei Wolkow beliebt machen will. Er steigt auf das Fußballgerede des Lehrers voll ein, brüllt Parolen und gibt beim Laufen alles.

3 *So könnte deine Antwort lauten:*
In dem Text schildert der Ich-Erzähler seine Eindrücke vom Sportunterricht. Er selbst ist ein guter Hochspringer, worauf er stolz ist. Vom sonstigen Sportunterricht hält er nicht viel, denn andauernde Vorträge von Sportlehrern und Fußballfanatikern sowie übertriebenes Konditionstraining sind nicht sein Fall.

4 *Zitate von* Z. 3–4 oder Z. 35–38

5 *So könnte deine Antwort lauten:*
Meiner Meinung nach ist Maik der Ich-Erzähler, denn es gibt im Text keinerlei Hinweise darauf, dass er russischer Migrant ist oder irgendwelche Regeln bricht. Der Erzähler schildert den Sportunterricht wie jemand, der das schon seit Jahren so erlebt und sich dabei als Außenseiter, fühlt, weil er selbst nur Hochsprung mag.

Seite 67

6 **a)** *So könnte deine Antwort lauten:*
Die Karikatur zeigt einen Schüler, der sich beim Sportlehrer über die hochgestellten Holme des Stufenbarrens beklagt. Er gerät ins Schwitzen und ist mit der Aufgabe offensichtlich überfordert. Der Sportlehrer scheint laut und ungeduldig zu sein und wirkt einschüchternd. Er findet den Protest nicht gerechtfertigt.
b) Der Originaltext der Karikatur lautet: Bin ich 'ne Rating-Agentur?
c) *So könnte deine Antwort lauten:*
Ähnlich wie in dem Text ist auch in der Karikatur der Sportlehrer sehr von sich überzeugt und fordert Leistung, die nicht jede/-r bringen kann. Beide gehen nicht weiter auf die unterschiedlichen Voraussetzungen ihrer Schüler ein und so ist der Unterricht für Unsportliche kein Spaß, aber auch kein Ansporn.

Seite 69

2 *So könnte deine Antwort lauten:*
- Die Erzählerin hat sich in ihre starke Abneigung gegenüber der Fremden hineingesteigert und möchte sie provozieren.
- Als die Fremde nicht im Bus sitzt, ist die Erzählerin enttäuscht, da sie sich nicht wie sonst an ihr abreagieren kann.
- Die Bekannten der Erzählerin verstehen ihr extremes Verhalten nicht und raten ihr, einfach einen anderen Bus zu nehmen.

3 *So könnten deine Antworten lauten:*
a) Z. 13–14 „Sie war mir sofort unsympathisch."
Z. 17–18 „Ich wusste nicht, was mich an ihr so störte [...]."
b) Sie beobachtet jede Einzelheit an der Fremden und findet einfach alles an ihr extrem negativ, ganz egal, was sie tut. Außerdem beschäftigt sie sich ständig mit ihr, selbst wenn sie zu Hause ist.

4 *So könnten deine Antworten lauten:*
1. Es stand nun fest, dass sie nicht mehr normal mit der Fremden umgehen konnte.
2. Sie bekam die Fremde und ihre extreme Abneigung gegen sie gar nicht mehr aus dem Kopf.
3. Ihr wurde klar, dass sie es brauchte, sich an der Fremden abzureagieren.

5 *So könnte deine Antwort lauten:*
In dem Text „Allmorgendlich" von Michaela Seul schildert die Ich-Erzählerin, wie sie auf der täglichen Busfahrt zur Arbeit eine extreme Abneigung gegen eine völlig Fremde entwickelt. Die immer gleichen Verhaltensweisen dieser Frau und ihr Äußeres empfindet sie als abstoßend. Das führt dazu, dass sie auch im Privatleben ständig über die Unbekannte lästert. Der Text endet überraschend: Eine Freundin macht die Erzählerin bei einem zufälligen Aufeinandertreffen im Bus auf ihre große Ähnlichkeit mit der Fremden aufmerksam.

Seite 70/71

1 und **2** *So könnte deine Lösung aussehen:*

Wer?	Macht was?	Mit welchen Folgen?
Frau Dörfelt	gibt Bratpfanne nicht zurück	Mutter nennt sie Schlampe
Klaus und Achim Dörfelt	verprügeln Hans, den kleinen Bruder des Erzählers	Erzähler stülpt Frau Dörfelt die Einkaufstasche über den Kopf
Herr Dörfelt	schlägt Elli, die Schwester des Erzählers, und zerreißt deren Rock	Mutter wirft mit Blumentöpfen nach Herrn Dörfelt

3 *Individuelle Lösungen*

4 **a)** Z. 44–45: „schossen mit dem Luftgewehr" (andere Lösung möglich)
b) Z. 84, 96, 113: „Flakgeschütz" oder "Atomkanone"/„Natürlich sind wir nun alle tot ..."

Seite 72

5 *So könnte deine Antwort lauten:*
Übertreibung und Spott sind typische Merkmale der Satire. Das aggressive Verhalten der Leute im Text wird so übertrieben dargestellt, dass es lächerlich wirkt. Gleichzeitig wird das nachbarschaftliche Angiften, das es ja auch im echten Leben gibt, auf unterhaltsame Weise kritisiert.

6 **a)** *So könnte deine Antwort lauten:*
Konflikte entstehen tatsächlich oft aus nichtigem Anlass. Wenn die Betroffenen nicht aufeinander zugehen und miteinander reden, kann sich daraus ein dauerhafter Streit entwickeln. Will dann keiner nachgeben, wird eine friedliche Lösung schwierig.
b) *Individuelle Lösungen*

Seite 73

2 *So könnten deine Antworten lauten:*
a) **Personen:** der Bewerber (er), die Personalchefin; seine Mutter – nur in Gedanken
Ort: Büro der Personalchefin in einem größeren Unternehmen
Situation: Einstellungsgespräch zwischen Personalchefin und Bewerber

b) groß, lichtdurchflutet, freundlich, einladend

c) begrüßt ihn freundlich / ist elegant gekleidet / gepflegte Hände und Fingernägel / passt zu der hellen und freundlichen Umgebung

Seite 74

2 **d)** Der Junge ist froh und stolz, dass man ihn ausgewählt hat. Er geht davon aus, dass er bald in diesem schönen Unternehmen arbeiten wird, und freut sich darauf. In der angenehmen, gepflegten Atmosphäre fühlt er sich trotz seiner inneren Anspannung wohl.

3 *Individuelle Lösungen*
Beispiel:
Du weißt doch, dass ich heute das Vorstellungsgespräch habe. Jetzt ist gerade Pause. Ich bin ziemlich nervös. Es ist voll cool hier. Alles wirkt irgendwie edel, aber trotzdem so, dass man sich sofort wohlfühlen kann. Ich möchte total gerne hier arbeiten. Die Chefin ist super elegant, echt beeindruckend, aber sie lässt mich wohl noch ein wenig zappeln. Na ja, wird schon klappen. Ich habe eigentlich ein gutes Gefühl ...

4 **a)** Z. 45–53

b) *Individuelle Lösungen*

Seite 75

5 *So könnte deine Antwort lauten:*
In der Karikatur ist der Bewerber als Igel dargestellt. Er meint, dass er den Job bekommt, obwohl der Chef ihn auf seine größte Schwäche, das „Einigeln", anspricht. Die Chancen stehen nicht so gut für den Igel, aber er scheint das noch nicht so richtig begriffen zu haben. Ähnlich geht es dem Jungen im Text. Er hat anfangs den Eindruck, dass die sehr guten Zeugnisse für seine Einstellung sorgen werden. Für die Chefin gibt es aus seiner Sicht keinen Grund, ihn abzulehnen. Erst allmählich erkennt er, dass er mit seiner Zurückhaltung nicht zum Unternehmen passt.

Seite 76

2 *So könnte deine Antwort lauten:*
Sascha provoziert seine Eltern: Er lässt sich die Haare lang wachsen, obwohl er Friseurlehrling ist und dadurch auch Ärger mit seinem Chef bekommt. Durch sein lässig cooles Gehabe bringt er vor allem seinen Vater richtig in Rage.

3 *So könnte deine Antwort lauten:*
„Was willst du hören? Wäre dir 'ne Glatze lieber?" Sascha blieb nach außen hin völlig ruhig. Ich sah es ihm aber an, dass ihm das ganze Theater allmählich zu viel wurde.
Vati war völlig außer sich. Er schrie Sascha an: „Was bildest du dir eigentlich ein? Glaubst du, dein Chef lässt sich das gefallen? Er muss auf sein Geschäft achten, da kann er keinen Azubi brauchen, der wie ein Penner aussieht!"

Seite 77

5 *So könnte deine Antwort lauten:*
Lieber Sascha, ich bin stolz auf dich, weil du dich nicht kleinkriegen lässt. Am besten finde ich, wie cool und gelassen du bleiben kannst, wenn Vati tobt. Das möchte ich auch schaffen, es ist einfach genial. Ich glaube ja, dass es dir gar nicht um die Haare geht, sondern darum, respektiert zu werden, so wie du bist. Das wünsche ich mir auch oft, aber so wie du – das bring ich nicht. Trotzdem machst du mir Mut mit deinem Verhalten. Setz dich durch! Deine Nele

6 **b)** *So könnte deine Antwort lauten:*
Sascha bleibt bei dem Streit ruhig und friedlich und nun bringt er auch noch eine Person ins Spiel, die für Liebe und Friedfertigkeit steht. Er weiß, dass seinen Eltern dadurch die Argumente ausgehen.

7 *So könnte deine Antwort lauten:*
Eine Zeit lang herrschte Stille. Sascha beschäftigte sich mit seinem Brot. Vati und Mutti sahen sich an. Ich wartete gespannt auf ihre Reaktion.

„Nun gut", sagte Vati nach einer Weile, „ dagegen kann man kaum etwas sagen. Ich wusste allerdings bisher gar nicht, dass du so christlich bist." Es klang nur ein kleines bisschen spöttisch.

„Dein Gebrüll und die Art, wie du mich unter Druck setzt, ist jedenfalls weder christlich noch vorbildlich." Das saß! Ich war begeistert von dieser Wende.

Nun kam Mutti ins Spiel. „Irgendwie hat der Junge recht. Wir sollten vernünftig mit ihm reden und seine Ansichten auch mal ernst nehmen. Ich glaube, darum geht es ihm im Grunde."

Seite 78

1 **a)** *So könnte deine Antwort lauten:*
Fast jede/-r hat heute in den sozialen Netzwerken hunderte Kontakte und viele bezeichnen diese Leute als ihre Freunde. Die Freundschaften spielen sich im Chatroom ab und man kann nicht wissen, wie die Leute im echten Leben sind. Jeder gibt sich nämlich dort so, wie er gerne gesehen werden möchte. Deshalb kennt man sich nicht wirklich.
b) *Individuelle Lösungen*

Seite 79

1 **b)***So könnte deine Lösung aussehen:*

Pro (für Abschaffung)	**Kontra** (gegen Abschaffung)
• frustrierend für schlechte Sportler • Wettkämpfe sind nicht zeitgemäß • viele machen an dem Tag sowieso krank • macht nur den besten Sportlern Spaß	• gute Sportler freuen sich über Urkunden • Ansporn für sportliche Leistungen • kann Fest für die ganze Schule sein • Sport ist gesund und wichtig für alle

Seite 80

2 **a)** Bundesjugendspiele sind eine prima Sache, (Behauptung) weil Bewegung auf jeden Fall besser ist als das stundenlange Sitzen im normalen Unterricht. (Begründung) *Abgesehen von den wenigen Sportstunden verbringt man nämlich in der Schule die meiste Zeit im Klassenzimmer, obwohl jeder weiß, dass Kinder und Jugendliche mehr Bewegung brauchen. Ich habe in meiner Klasse die Erfahrung gemacht, dass bei den Wettkämpfen auch die weniger*

Sportlichen mitmachen und sich endlich mal bewegen. (*Beispiel*)
Ich persönlich bin für die Abschaffung der Bundesjugendspiele, obwohl ich gerne Sport treibe. (Aussage) Aber nicht alle beherrschen die speziellen Wettkampfsportarten, die im Allgemeinen bei den Bundesjugendspielen üblich sind, und für diese Schüler kann die Veranstaltung eine Qual sein. (Begründung) *Ein deutliches Zeichen dafür, dass dies der Fall ist, sind die vielen Krankschreibungen an diesem Tag. Wenn es tatsächlich „Spiele" wären, die jedem Spaß machen, dann gäbe es dieses Problem nicht.* (*Beispiel*)
Meiner Meinung nach sollten die Bundesjugendspiele in der bisherigen Form nicht mehr stattfinden, denn diese Art von Wettkampf ist für viele Beteiligte mit sehr negativen Erfahrungen verbunden. (Begründung) *Auch der unsportlichste Schüler wird zu „Leistungen" gezwungen, die er nicht bringen kann. Stattdessen darf er sich öffentlich blamieren, sodass zu dem persönlichen Misserfolg auch noch der Spott der Zuschauer kommt.* (*Beispiel*) Man sollte es den guten Sportlern gönnen, dass sie sich in einem Wettkampf messen können und dafür Urkunden bekommen. Für die Unsportlichen jedoch müsste man sich etwas anderes einfallen lassen, z. B. Spiele ohne Sieger.

b) **Pro:** Bewegung auf jeden Fall besser ist als das stundenlange Sitzen im normalen Unterricht/dass Kinder und Jugendliche mehr Bewegung brauchen/dass bei den Wettkämpfen auch die weniger Sportlichen mitmachen und sich endlich mal bewegen/Man sollte es den guten Sportlern gönnen, dass sie sich in einem Wettkampf messen können und dafür Urkunden bekommen.

Kontra: Nicht alle beherrschen die speziellen Wettkampfsportarten, die im Allgemeinen bei den Bundesjugendspielen üblich sind, und für diese Schüler kann die Veranstaltung eine Qual sein. / Diese Art von Wettkampf ist für viele Beteiligte mit sehr negativen Erfahrungen verbunden. Auch der unsportlichste Schüler wird zu „Leistungen" gezwungen, die er nicht bringen kann. Stattdessen darf er sich öffentlich blamieren, sodass zu dem persönlichen Misserfolg auch noch der Spott der Zuschauer kommt.

Lösungsvorschlag: Wenn es tatsächlich „Spiele" wären, die jedem Spaß machen, dann gäbe es dieses Problem nicht./Für die Unsportlichen jedoch müsste man sich etwas anderes einfallen lassen, z. B. Spiele ohne Sieger.

3 *So könnte deine Lösung aussehen:*
Die Bundesjugendspiele in der üblichen Wettkampfform sind längst nicht mehr attraktiv. Da es nur um Leistung geht, gibt es auf der einen Seite die tollen Sportler, die glänzen, und auf der anderen Seite die armen Unsportlichen, die mitmachen müssen, obwohl ihnen das oft peinlich ist. Wenn es angeblich darum geht, dass alle Kinder und Jugendlichen mehr Sport treiben sollen, ist so eine Veranstaltung gerade für die, die es nötig haben, keine Motivation. Die Schulen haben aber jederzeit die Möglichkeit, ein Sportfest zu organisieren, bei dem nicht nur Bestleistung in bestimmten Disziplinen gefragt ist. Es sollte ein vielfältiges Angebot im Bereich Sport und Spiel sein, bei dem für jeden etwas dabei ist, was Spaß macht. Ich denke, es ist auch ein Stück weit Bequemlichkeit, wenn in vielen Schulen alles beim Alten bleibt.

Seite 81

4 **a)**
Superhelden – Vorbilder für Jugendliche?

2 Der Held kann jedes Problem lösen und meistert brenzlige Situationen mit tollen Tricks.
5 Echte Vorbilder können deshalb eigentlich nur reale Menschen sein, deren Verhalten man sich als gutes Beispiel nehmen kann.
3 Wer glaubt, dass dies im Alltag auch so einfach funktioniert, wird natürlich enttäuscht.
1 Superhelden sind keine Vorbilder für Kinder und Jugendliche.
4 Was im Film scheinbar mit Leichtigkeit gelingt, ist im wirklichen Leben nämlich meistens unmöglich.

Gruppenzwang in der Clique – ein Problem?

2 Der Hauptgrund dafür ist, dass sie cool sein und dazugehören wollen.
4 Sie haben aber nicht den Mut, zu ihrer Meinung zu stehen, weil sie befürchten verspottet oder ausgelacht zu werden.
1 Jugendliche verhalten sich in einer Gruppe mit Gleichaltrigen oft unvernünftig.
3 Kommt einer in der Clique auf die Idee, etwas anzustellen, so machen oft alle mit, obwohl einige dies im Grunde völlig falsch finden oder sogar Angst haben.

5 *So könnte deine Lösung aussehen:*
Die eigene Meinung auch in der Clique zu vertreten ist wichtig. Wenn man nicht zu seinen Ansichten steht, wird man schnell zum Mitläufer, denn in der Gruppe gibt es immer welche, die gern den Ton angeben. Wer sich aber immer nur anpasst, hat auch später im Alltag und im Beruf Probleme, sich zu behaupten. Natürlich muss man selbst

ebenfalls die Ansichten anderer respektieren. Gut ist es, wenn Meinungen ausgetauscht und offen diskutiert werden. Das kann man schon als Jugendlicher in der Clique trainieren.

Seite 82

1 Sich als Jugendlicher für andere Menschen ehrenamtlich einzusetzen ist anstrengend, es kann aber auch eine Bereicherung für das eigene Leben sein. Zeige dies an geeigneten Beispielen auf.

2 *Individuelle Lösungen*

Seite 83

3 *So könnte deine Lösung aussehen:*
Die Abbildung zeigt ein Beispiel dafür, wie sich Jung und Alt gegenseitig helfen können. Beide Personen haben ein Problem, mit dem sie alleine nicht zurechtkommen. Der Ältere braucht Hilfe beim Skypen, was dem Jungen leichtfällt, der Junge bei der Prozentrechnung, was der Ältere gut kann. Wenn sie sich Zeit füreinander nehmen, ist jedem geholfen.

4 *Individuelle Lösungen*

Seite 84

1 **a)** ... dass Erwerbstätigkeit für Schüler grundsätzlich verboten sein sollte."

b) *So könnte deine Lösung aussehen:*

Beispiel 2	Zum Thema Nebenjobs für Schüler gibt es ganz unterschiedliche Ansichten. Manche sind der Meinung, Erwerbstätigkeit sollte für Schüler verboten sein, andere wiederum finden solche Nebenjobs sehr sinnvoll.
Beispiel 3	In einem Zeitungsartikel, den wir im Unterricht gelesen haben, ging es um die Frage, ob Erwerbstätigkeit für Schüler grundsätzlich verboten sein sollte. Es gibt sowohl Gründe dafür als auch welche, die dagegen sprechen.

2 *Individuelle Lösungen*

Seite 85

3 **a)** Mögliche Reihenfolge: 2-3-5-1-4

b) *So könnte deine Lösung aussehen:*
Mit dem Kauf von Bioprodukten kann viel Energie gespart werden. Bioware wird meistens lose oder in umweltfreundlichen Papierverpackungen angeboten. Weniger Verpackung bedeutet auch weniger Energieverbrauch. Mit dem Kauf von Bioprodukten kann man auch den fairen Handel unterstützen, denn oft sind Bioprodukte auch fair. Das heißt, dass z.B. Familien, die im Kaffee-Anbau arbeiten, mehr Geld verdienen als mit dem „normalen" Kaffee.

c) *So könnte deine Lösung aussehen:*
Ich kann mir gut vorstellen, dass wir durch unser Einkaufsverhalten viel bewirken können. Wenn immer mehr Leute Bio-Qualität wollen und kaufen, dann wird es auch immer mehr davon geben, und das ist bestimmt gut für uns alle und für unsere Umwelt./Manche Leute sind einfach auf billige Lebensmittel angewiesen, weil sie nicht genug Geld haben. Solange Bio-Produkte teurer sind, werden sie nur von denen gekauft, die sich das leisten können. Außerdem ist meiner Meinung nach die Qualität billiger Produkte nicht automatisch schlechter.

Seite 86

4 **b)** *So könnte deine Lösung aussehen:*
- Mädchen schminken sich immer früher
- wer nicht gut aussieht, wird ausgegrenzt
- viele sind bereit, alles zu tun für einen idealen Körper
- Mädchen geht es ständig ums Abnehmen
- Bodybuilding wird bei Jungen zur Sucht

c) *So könnte deine Lösung aussehen:*
„Selbst die ganz Dünnen sagen, dass sie sich zu dick finden. Ich glaube, da fehlt das Realitätsbewusstsein." (Z. 34–36)

Seite 87

5 *So könnte deine Lösung aussehen:*
„Ich bin schön, also bin ich wer."

Einleitung Schön zu sein, ist heutzutage für viele Menschen eines der wichtigsten Dinge überhaupt. Werbung, Mode, Shows – überall zeigen uns Supermodels, dass tolles Aussehen der beste Weg zum Erfolg ist. Aber nur wenige können bei Schönheitswettbewerben mithalten und im Alltag ist das auch längst nicht so wichtig.

Argument/Beispiel 1 Im Freundeskreis braucht man jemanden, auf den man sich verlassen kann. Charakter ist dabei weitaus wichtiger als gutes Aussehen. Natürlich fällt jemand, der gut aussieht, auf und bekommt Aufmerksamkeit. Eine echte Freundschaft entwickelt sich aber aus gegenseitigem Vertrauen und auf der Basis gemeinsamer Interessen.

Argument/Beispiel 2 Im Berufsleben heißt es immer: Der erste Eindruck entscheidet. Gutes Aussehen kann zwar von Vorteil sein, viel wichtiger sind aber gutes Benehmen und ein angenehmes Äußeres. Dazu braucht man keine Model-Maße, sondern saubere Kleidung, gepflegte Zähne und einen passenden Haarschnitt. Um im Beruf auf Dauer Erfolg zu haben, muss man vor allem etwas können und nicht bloß gut aussehen.

Schluss Meiner Meinung nach ist die Überbewertung des Aussehens in den Medien ein Problem. Vor allem Jugendliche werden total verunsichert, weil sie sich selbst nicht mehr realistisch sehen.

Seite 88

Musterprüfung Teil A: Zuhören

(0)	(1)	(2)	(3)	(4)
C	D	A	E	B

Seite 89–91

Musterprüfung Teil B: Sprachbetrachtung/Rechtschreiben

1 **a)** französische Sprache
b) finanziell
c) Fi-nan-zen
d) z. B.: Das Jugendhaus muss die Gemeinde finanzieren./Das hat die Stadt finanziert.

2 bedeutsam – Adjektiv
dem – bestimmter Artikel
in – Präposition
ermöglicht – Verb

3 seinem Vater – eines sicheren Sprengstoff(e)s – dieser Erfindung – seinem Namen

4 doch/aber – dass – sondern – sodass

5 **a)** und **b)**
Verdienste – auf das Begleitwort achten: seiner Verdienste; Artikelprobe: die Verdienste
verflossenen – deutlich sprechen: nach kurzem Vokal ss

6 Wie wird eigentlich festgelegt, wer den Nobelpreis bekommt? Die Mitglieder des Komitees sammeln Vorschläge aus aller Welt, prüfen sie und erstellen Ranglisten. Welche der nominierten Personen letztlich den begehrten Preis erhalten, bleibt jedoch bis zur Verleihung geheim.

7 Es kommt auch vor, dass ein Preis gar nicht vergeben wird, weil das zuständige Komitee keinen zur Verleihung geeigneten Kandidaten ausfindig machen kann oder sich die Mitglieder nicht einigen können.

8 bzw./~~b.z.w~~ ~~dh~~/d. h. ~~z.b.~~/z. B. ~~E.U.~~/EU

Seite 93

Musterprüfung Teil C: Lesen

Text 1

Meist individuelle Lösungen. Alle Texte sind Beispiele.

1 **Die Mutter** meint es gut mit ihrer Tochter Charly und möchte sie davon überzeugen, dass es toll für sie wäre, die Ferien in einem Camp zu verbringen. Sie lässt nicht locker und leitet alles in die Wege, obwohl ihre Tochter nicht begeistert ist.
Der Vater wird nur nebenbei erwähnt. Er verbringt normalerweise mit Frau und Tochter die Ferien bei Oma und arbeitet dort viel im Garten.
Die Oma lebt in einem langweiligen Dorf voller alter Leute. Sie interessiert sich nicht richtig für Charly. Am liebsten schaut sie sich Shopping-Sendungen im Fernsehen an.

2 Die 15-jährige Charly soll nach dem Willen ihrer Mutter die Sommerferien in einem Camp verbringen. Charly hat keine Lust dazu, aber die üblichen Ferien bei ihrer Oma in einem langweiligen Dorf nerven sie ebenfalls. Während sie noch hin- und hergerissen ist, welche Lösung wohl die schlimmere ist, regelt ihre Mutter einfach alles Nötige und stellt Charly vor vollendete Tatsachen: Sie wird ins Feriencamp fahren.

3 **a)** Die Ich-Erzählerin will damit betonen, wie entsetzlich langweilig die üblichen Ferien bei ihrer Oma für sie sind. Es ist dort immer alles gleich und davon hat sie schon nach kürzester Zeit genug.

b) Beispiel: „Mein Muskel zum Schulterzucken war zu der Zeit super trainiert und ungeschlagen im Fliegengewicht der fünfzehnjährigen Mädchen." (Z. 9–12)

4

Ferien bei Oma		Ferien im Camp	
Vorteile	**Nachteile**	**Vorteile**	**Nachteile**
• alles wie immer • Apothekersohn zum Verlieben? • Zeit zum Rätsellösen im Internetforum • viel Lesezeit	• langweilig • nur alte Leute • Oma und Eltern nerven	• mal was anderes • liegt am Meer • junge Leute • Abenteuer? • Natur pur	• unklar, was da läuft • lauter fremde Leute • ohne Internet!!! • ohne Handy !!!

5 Ein Junge ist am Strand zum Sonnen und Baden. Sonnenmilch, Muscheln und Wellen deuten darauf hin. Er hält eine große Muschel an sein Ohr, die nicht rauscht, sondern wie ein Telefon, ein Handy, klingelt. Egal, wo und wann, das Handy muss dabei sein. Das Rauschen einer Muschel kann das Handyklingeln nicht ersetzen. Der Junge ist erstaunt, vielleicht auch ärgerlich, schaut fragend, erwartungsvoll, was nun passiert. Genauso könnte es der Ich-Erzählerin im Text gehen, die vor einer großen Herausforderung steht: Ferien ohne Handy.

Seite 95

Text 2

Meist individuelle Lösungen. Alle Texte sind Beispiele.

1 **a)** Die Deutschen sind spitze im Mülltrennen, sie verbrauchen jedoch auch europaweit am meisten Verpackungsmüll, vor allem Plastik. Es wird zwar bei uns immer mehr Plastikmüll für das Recycling gesammelt, der Grund dafür ist aber auch, dass immer mehr Verpackungsmüll anfällt. In Deutschland wird fast die Hälfte davon verbrannt.
Die Plastikflut vermüllt die Meere und andere Gewässer und schadet den Lebenwesen. Unsichtbares Mikroplastik, das z. B. auch in Kosmetikprodukten steckt, verbreitet sich überall und gelangt in die Nahrungskette. Sogar im Chiemsee gibt es dieses Problem.

b) Kinder und Jugendliche sollen in Projektgruppen Daten über die Verbreitung von Plastik sammeln, die dann von Wissenschaftlern ausgewertet werden.

2 gewaltig, außerordentlich groß – enorm (Text 2, Z. 27)
kleine Teilchen – Partikel (Text 2, Z. 39)
empfindlich – sensibel (Text 2, Z. 49)
Anstoß zum Handeln, Anregung – Initiative (M1, Z. 2)

3 **a)** Bei dem Wort Flut denkt man zuerst an eine riesige Menge Wasser, die alles überschwemmt.
Der Begriff Plastikflut wird verwendet, weil die enorme Menge Plastik die ganze Natur vermüllt.

b) Gründe und Folgen der häufigen Verwendung von Plastik

Gründe	Folgen
• leichte Einweg-Flaschen	• Müll wird immer mehr
• praktische To-go-Becher / Kaffeekapseln	• nur ein Teil kann recycelt werden
• verpacktes Obst und Gemüse	• Gewässer vermüllen
• viele Kosmetikprodukte mit Plastik	• Tiere sterben
	• Mikroplastik mit Schadstoffen kommt in die Nahrungskette

Seite 96

4 **a)** „Mülltrennen – das können die Deutschen, sind sogar Vorreiter.“ (Text 2, Z. 2-3)
„dass die Verpackungen – darunter viele Kunststoffe – immer mehr werden.“ (Text 2, Z. 12-13)

b) Einerseits ist es sehr gut, dass in Deutschland sehr viel Müll recycelt wird. Aber andererseits nimmt die Menge an Verpackungsabfällen seit Jahren stark zu. Das bedeutet, dass wir immer mehr Müll erzeugen anstatt weniger. Daher nutzt es nichts, wenn wir mehr davon recyceln. Die Plastikflut wird nur dann weniger, wenn wir auf unnötige Plastikverpackungen verzichten.

Musterprüfung Teil D: Schreiben Aufgabengruppe I

1 Jetzt haben die mich tatsächlich genommen! Eigentlich habe ich gar nicht damit gerechnet. Ich weiß doch gar nicht, ob ich da überhaupt hin will! Fun-Survival-Camp – das pack ich womöglich gar nicht. Wer weiß, was die da von einem erwarten? Und dann noch wochenlang ohne Internet! Das geht schon mal gar nicht. Was glauben die denn, wo wir sind? Das ist doch wohl kein Dschungelcamp mit irgendwelchen Ekelaufgaben? Nein, das glaube ich eigentlich nicht. Bestimmt dürfen wir Pfadfinderspiele machen und Teamaufgaben lösen. Also irgendwie reizt es mich auch, mal was ganz anderes zu erleben. Jedes Jahr in dem Kuhdorf bei Oma, das ist echt ätzend. Und vielleicht treffe ich ja im Camp ein nettes Mädchen oder sogar ein paar süße Jungs. Es ist zwar ein Mädchencamp – aber wer weiß ...? Das wäre schon cool. Aber eins steht fest: NICHT OHNE MEIN HANDY!

2 Es ist heutzutage für viele kein Problem mehr, rund um die Uhr online zu sein. Ob über Smartphone oder PC, ob zum Spielen, zum Chatten, zum Musikhören oder um sich zu informieren, die technischen Mittel sind vorhanden und werden pausenlos genutzt. Ein Urlaub ohne Internet ist daher für manche Leute unvorstellbar. Meiner Meinung nach wäre das aber eine gute Möglichkeit zu stressfreier Erholung. Die ständige Erreichbarkeit und der ständige Zwang, zu kontrollieren, was gerade im Netz läuft, erzeugen Druck. Dies betrifft die Freizeit von Jugendlichen ebenso wie die von Berufstätigen. Für Jugendliche geht es in erster Linie darum, überall dabei und up to date zu sein. Wer nicht mitreden kann, wird weniger akzeptiert, also bleibt man online, setzt seine Likes und Dislikes und trägt dazu bei, dass jeder in der Community weiß, wie es einem gerade geht.
Die Privatsphäre bleibt oft auf der Strecke und man gibt ein Stück weit seine persönliche Freiheit auf. Das kann belastend sein.
Von Berufstätigen wird teilweise verlangt, immer errreichbar zu sein. Das führt dazu, dass Arbeit und Privatleben nicht mehr richtig getrennt werden, und dies erzeugt Stress. Entspanntes Familienleben, stressfreies Zusammensein oder einfach mal ganz alleine in Ruhe relaxen, ohne gestört zu werden, das wünschen sich viele Menschen. Im Urlaub wäre das gut möglich und es ist umso leichter, wenn man den Mut hat, sich auszuklinken und eine Zeit lang konsequent offline zu bleiben.
Natürlich gibt es auch Gegenargumente. Über das Internet kann man auch im Urlaub nützliche aktuelle Informationen einholen, man kann Kontakt mit Daheimgebliebenen pflegen und ist im Notfall erreichbar. Ich kann mir gut vorstellen, dass das besonders wichtig ist, wenn beispielsweise die Oma zu Hause alleine wohnt und sich ohne Kontakt zur verreisten Familie einsam fühlt. Trotzdem bin ich der Meinung, dass den meisten Leuten ein Urlaub ohne Internet guttun würde. Es ist eine Entlastung von dem Zwang zur ständigen Kommunikation über das Netz.
Man wird frei für andere Dinge, kann genießen, was man gerade sieht und erlebt, und das ist doch der Sinn und Zweck von Urlaub.

Aufgabengruppe II

1 **Stoppt die Plastikflut! Macht mit bei unserer Aktionswoche „Verzicht auf Plastik"**

Vermüllte Strände, sterbende Tiere, Mikroplastik in der Nahrungskette. Wir alle sind mitverantwortlich dafür, denn wir tragen durch unser Verhalten dazu bei, dass immer mehr Plastik unsere Umwelt vermüllt.

Nach fast jedem Einkauf landet ein Haufen Plastikverpackungen im Gelben Sack oder im Hausmüll. Beides ist keine gute Lösung. Es kann zwar ein Teil der Kunststoffe recycelt werden, aber ein großer Teil wird verbrannt und die Schadstoffe gelangen in Luft und Wasser. Und die Verpackungsabfälle werden bei uns in Deutschland immer mehr statt weniger.

Weggeworfene Plastikabfälle sammeln sich mit der Zeit überall in Gewässern. Viele Tiere müssen deshalb sterben und viele Strände sehen aus wie Müllkippen. Auch Naturschutzgebiete sind davon betroffen.

Besonders schlimm sind Mikroplastikteilchen, die z. B. in Kosmetikprodukten stecken und sich überall im Wasser verbreiten. Man sieht sie nicht, sie sind so winzig, dass irgendwann jedes Lebewesen sie über die Nahrungskette aufnimmt.

Es gibt keine bessere Lösung, als auf Plastik zu verzichten. Das kann jede/-r von uns tun. Unsere Aktionswoche soll allen zeigen, dass vieles auch ohne Plastik geht.

Mach mit! Verzichte eine Woche auf Plastik, wo immer das möglich ist!

2 Ehrenamtliches Engagement kann man nicht nur im Bereich Umweltschutz zeigen. Es gibt viele Möglichkeiten, sich für eine gute Sache einzusetzen und etwas zu bewirken.

In unserer Schule kann man sich beispielsweise als Schulsanitäter oder Bushelfer ausbilden lassen.

Wer diese Aufgabe ernst nimmt und verantwortlich handelt, kann im Schulalltag anderen helfen und so zur Sicherheit und zu einem friedlichen Miteinander beitragen. Schulsanitäter versorgen kleine Verletzungen, sie können trösten und beruhigen und Notfallhilfe organisieren. Bushelfer sorgen für Ordnung im Bus und greifen ein, wenn es nötig ist, Konflikte zu schlichten.

Man kann sich auch in der Freizeit für eine gute Sache einsetzen. Bei uns im Ort gibt es eine Pfadfindergruppe, die oft Hilfsaktionen durchführt. Sie sammeln beispielsweise Altkleider, sortieren Brauchbares aus für einen Basar und spenden den Erlös für einen guten Zweck. Einige der Pfadfinder übernehmen regelmäßig Einkaufsdienste für ältere Leute oder Behinderte. Das ist eine große Hilfe für diese Menschen. Jedes Jahr wird außerdem ein Treffen mit Jugendlichen aus den Partnergemeinden in Frankreich und Tschechien veranstaltet. Die gemeinsamen Unternehmungen müssen gut geplant und organsisiert werden. Man lernt dabei Jugendliche aus anderen Ländern kennen und verstehen. Die Pfadfinder fördern Toleranz und setzen sich für Frieden ein. In so einer Gruppe kann man sich bei ganz unterschiedlichen Aktionen beteiligen und damit etwas bewirken.

Es gibt in jeder Schule und in jeder Stadt oder Gemeinde Möglichkeiten, sich für eine gute Sache einzusetzen. Wer sich aufrafft und aktiv wird, profitiert auch selbst davon. Man hat ein gutes Gefühl, weil man etwas bewirken kann, man lernt sehr viel dazu und gewinnt oft neue Freunde.